짧은 영화 긴 이야기

미쟝센 단편영화제
DIRECTOR'S INTERVIEW

짧은 영화
긴 이야기

발행일 2016. 6. 23
발행인 이현승 운영위원장
발행처 미장센 단편영화제

기획 신경식, 김고운, 배경민
편집 신경식, 김진숙
사진 신경식
표지 디자인 꽃피는 봄이 오면
진행 박미하 운영본부장

인터뷰어(가나다순) 김성욱, 김성훈, 모은영, 송경원, 송효정, 이주현, 주성철, 허남웅
인터뷰이(목차순) 이현승, 박찬욱, 류승완, 나홍진, 윤종빈, 박정범, 이수진, 조성희, 엄태화, 강진아, 허정
에필로그 인터뷰(가나다순) 구교환, 김수진, 김한라, 나영길, 손민영, 손태겸, 송우진, 안주영, 오태헌, 이정호, 이형석

펴낸이   이기봉
편집   좋은땅 편집팀
펴낸곳   도서출판 좋은땅
출판등록   제2011-000082호
주소   경기도 고양시 덕양구 동산동 376 삼송테크노밸리 B동 442호
전화   02)374-8616~7
팩스   02)374-8614
이메일   so20s@naver.com
홈페이지   www.g-world.co.kr

ISBN   979-11-5982-195-0 (03680)

이 도서의 국립중앙도서관 출판시도서목록(CIP)은 서지정보유통지원시스템 홈페이지(http://seoji.nl.go.kr)와 국가자료공동목록시스템(http://www.nl.go.kr/kolisnet)에서 이용하실 수 있습니다. (CIP제어번호 : CIP2016014868)

짧은 영화 긴 이야기

미쟝센 단편영화제
DIRECTOR'S INTERVIEW

책을 펴내며
– 비틀고 휘젓는 발칙한 상상력을 꿈꾸다

'영화는 본래 단편인가 장편인가?' 이 물음을 뤼미에르에게 묻는다면, 그는 아마 영화가 짧든 길든 관객에게 충격적이라면 그것은 같은 것이라고 대답할 것이다. 영화는 애초에 이미지의 거대함이 시각적으로 관객을 덮치는 충격의 체험이었다. 15미터 길이에 불과한 짧은 포토그램들이 움직일 때 그것의 매력은 가히 대단했다. 그러나 영화가 길어지면서 그 거대한 이미지가 주는 매혹은 점차 사라져 버렸고 그 매혹적인 자리에 길고 긴 서사가 대신 들어섰다. 이미지는 설명과 논리가 뒤따라야만 하는 운명으로 몰락했다. 이야기가 영화의 이미지들을 집어삼킨 것이다. 영화의 이미지는 강력한 내러티브에 종속되었다. 이야기의 힘은 인간의 삶 그 자체이며 역사이기 때문이다. 영화는 연극, 회화, 음악, 문학, 건축, 무용이라는 예술의 형제들 중 막내로 태어나 그들을 바라보며 성장했다. 예술의 끝자락에서 영화가 제7의 예술이라는 위상으로 자리매김할 수 있었던 이유는 영화에 특별한 요소가 있었기 때문이다. 모든 예술적인 요소를 담은 영화의 움직임은 그 어떤 예술보다 대중적이라는 점이다. 발터 벤야민은 "현대의 영화는 누구나 영화화되어 화면에 나올 수 있는 권리를 갖는다"라고 말했다. 세월이 지난 지금, 영상기록매체의 발달로 우리는 누구나 영화를 만들 수 있는 능력과 권리를 갖기에 이르렀다. 다만 예산이 허락한 한도 내에서 영화를 짧게 만들 수밖에 없다는 불행한 상황을 맞게 된다.

단편의 힘은 이 '불행한 기회' 속에서 생겨난다. 단편은 제한된 장면에서 압축된 이미지로 은유할 수밖에 없으며 자본의 한계가 때때로 목을 죄어 오기도 한다. 하지만 그 사슬에 얽매이지 않고 분연히 그 속박을 끊어낼 때, 비로소 감독은 시인이고 화가가 된다. 불행한 이 예술가가 그려낸 이미지의 힘은 강력해진다. 단편영화의 여과되지 않고 검열되지 않은 표현은 상상력의 한계를 넘어 자본의 이데올로기로 점철된 기존 영화의 이미지를 비틀고 뒤집을 수 있는 힘을 갖게 되는 것이다. 단편영화의 이 힘은 최초의 영화가 가진 이미지의 잠재력을 깨울 수 있는 힘이기도 하다.

단편영화가 빚어내는 찰나의 인상과 메시지들을 관객들과 함께한 지 어느새 15년이라는 적지 않은 세월이 흘렀다. 미장센 단편영화제는 '단편영화는 예술영화'라는 편견을 깨기 위해 상업영화 고유의 생태계에서 발생한 장르를 훔쳐 왔다. 예술 지향과 대중화라는 경계의 외줄타기에서 장르의 역할은 영화제를 좀 더 균형적이고 관객에게 친근하게 만들었다. 장르는 결과적으로 이 짧은 영화들을 대중과 쉽게 만날 수 있게 하는 커다란 소통의 대문을 만든 셈이 됐다. 일일이 거론할 수 없을 정도의 많은 동료들과 후배들이 이 대문의 프레임을 짜고 못질을 하며 경첩을 달았다. 집행위원들의 지속적인 역량과 시간의 기부가 없었더라면 영화제는 지금에 이르지 못했을 것이다. 허락된 짧은 지면을 빌어 그들의 진정한 노고에 깊은 감사의 마음을 전하고 싶다. 특히 우리들에게 무대를 마련해주며 '후원하되 간섭하지 않는다'라는 원칙을 고수해준 아모레퍼시픽 서경배 회장님께 예술인의 한 사람으로서 경의를 표한다. 지금까지 총 11,075편의 단편영화를 출품해준 연출가들에게는 말할 나위도 없고, 어려운 여건 속에서 연기의 혼을 사른 연기자분들과 호명되지 못한 은막 뒤 기술진들에게도 감사의 말씀을 전한다.

15년이 지난 오늘에서야 비로소 우리가 만든 대문을 열어젖히고 그동안 걸어왔던 뒤안길을 돌아보려 한다. 스크린에 그려진 미쟝센 뒤편에 사리고 있던 감독 고유의 숨겨진 본질을 뒤져보자는 의도는 결국 그들에게 카메라 대신 마이크를 건네어보는 일이었다. 본 단행본은 인터뷰의 형식을 갖췄지만 의식의 검열 없이 행해졌던 자연스러운 대화의 흐름 그대로를 담으려 노력했다. 조금은 거칠 수 있는 대화의 결을 군이 손대지 않은 까닭은 그들의 생각을 윤색하여 전달하기보다 단편영화의 정신과 걸맞게 날것 그대로의 표현들을 고스란히 드러내는 것이 우선임을 다시 한 번 깨달았기 때문이다. 영화의 뿌리가 짧은 이미지로 시작되었음을 상기하듯 연출가들에게는 자신의 뿌리였던 단편의 기억을 더듬어보는 의미 있는 대담이었기를 바란다.

다들 단편영화가 점점 길어진다고들 말한다. 물론 이 현상은 매체의 눈부신 발전이 가져온 결과임에는 틀림없다. 하지만 여전히 단편영화의 매력은 짧은 시간 속에 담아내는 간결한 은유와 발칙한 상상력이 아닐까 생각한다. 최초의 영화가 쉬었던 짧고 가빴던 호흡이 지금 단편영화를 만드는 연출가들에게 또 다시 필요할지 모르겠다. 앙드레 바쟁은 "단편영화의 힘은 자유로운 상상력과 분방한 정신이 어울려 만들어낸 연금술의 신비가 거기에 있기 때문"이라고 했다. 난 이 말을 언제까지고 믿고 싶다.

2016년 6월 여름의 초입에서
운영위원장 이현승

목차

프롤로그 인터뷰

영화를 운명처럼 받아들일 때, 미래는 온다
이현승 미쟝센 단편영화제 운영위원장 인터뷰   10

10인의 감독들이 말하는 짧은 영화, 긴 이야기

단편과 장편, 그 모든 것이 내 영화를 이루고 있다   34
박찬욱 감독 인터뷰

내가 만들려는 영화를 위해 싸워야만 한다   54
류승완 감독 인터뷰

불안은 나를 이끄는 힘!   92
나홍진 감독 인터뷰

보이지 않는 길에 더 시선이 간다   107
윤종빈 감독 인터뷰

실패하라, 그러면 보일 것이다   131
박정범, 이수진 감독 인터뷰

상상력과 무모함으로 장르를 뛰어넘고 싶다!   157
조성희, 엄태화 감독 인터뷰

짧지만 긴 여운, 영화는 결과가 아닌 하나의 과정   183
강진아, 허정 감독 인터뷰

에필로그 인터뷰

'단편영화' 나만의 레시피!   205

엔딩 크레딧

미쟝센 단편영화제 히스토리   230

프롤로그 인터뷰

영화를 운명처럼 받아들일 때, 미래는 온다
– 이현승 미쟝센 단편영화제 운영위원장 인터뷰

송효정(영화평론가)

 장르적 상상력의 플랫폼, 미쟝센 단편영화제의 출범

송효정 미쟝센 단편영화제가 15주년을 맞았다. 소감은?

이현승 시간이 쏜살같다고 하잖나. 정말 시간이 빠르게 흘러 벌써 15주년
이다. 시작할 때는 10년도 상상하기 어려웠는데 말이다.

송효정 처음에 영화제의 미래를 어떻게 예상했었는지?

이현승 영화제를 기획할 당시 최소 5년은 넘겼으면 좋겠다고 했었다. 아모레
퍼시픽에 우리가 내건 조건도 5년 이상이었다. 삼성이 지원했던 서
울단편영화제처럼 당시 기업 후원 영화제가 사업 형편에 따라 쉽게
사라져 갔다. 4년을 넘기는 경우가 드물었다. 그런데 영화제가 자리
잡고 의미 있는 성과가 축적되기 위해서는 최소 5년 이상은 지켜봐
야 한다. 미쟝센의 경우 5년이 지나고 영화제의 성과가 가시적으로
나타나며 단편영화제 중심으로 확고하게 자리 잡아 갔다. 그리고 후
원사가 별다른 간섭 없이 쭉 후원을 계속했다.

송효정 '미쟝센'은 영화적 이름인 동시에 특정 브랜드명이다. 어떻게 두 개를 매칭시킬 생각을 했는지?

이현승 당시 내가 〈유레카〉라는 CF 프로덕션을 친구와 같이 운영하고 있어서 그러한 명칭의 브랜드가 런칭한다는 것을 알고 있었다. 아모레퍼시픽 미쟝센에서도 처음에는 다른 기업들처럼 부산영화제 같은 큰 규모의 국제영화제를 후원하려 했다. 그런데 단편영화는 한국 영화의 기초 자산이니 큰 영화제 말고 본격적으로 단편영화에 전폭 지원하는 게 어떠냐고 제안했다. 한국에서 좋은 감독을 발굴할 중요한 영화제가 될 수 있을 거라고 말이다. 그쪽에서 흔쾌히 동의했고 영화제가 시작되었다.

송효정 15년 정도 됐는데, 후원사와 관계는 원만한지?

이현승 '기업은 후원만, 운영은 감독들이.' 이러한 원칙이 정말 잘 지켜지고 있다. 기업에서 전혀 관여하지 않는 관행이 15년간 지속되어 왔다. 홍보물을 붙이는 경우도 없다. 영화제 때 상영 전 미쟝센 광고가 들어가는데, 그것도 회사 측에서가 아니라 내가 틀자고 해서 틀게 된 것이다. 오히려 미쟝센 측에서 우리에게 광고를 틀어도 정말 괜찮겠냐고 묻고 틀었을 정도다. 2012년에 아모레퍼시픽이 미쟝센 영화제 11년 연속 후원을 인정받아 문화를 후원하는 기업에게 주는 메세나상을 받았을 때 진심으로 기뻤다. 기업이 그러한 격려를 받아야 문화적 후원도 계속될 것이기에. 미쟝센에서 후원 접으면 나도 개인적으로는 좀 힘든 점들이 있어서 바로 감사를 표하고 영화제 그만하려 했는데, 당분간 영화제 은퇴는 물 건너갔다.(웃음) 지금 15주년이고 계속 갈 듯하다.

이현승 운영위원장

송효정 '장르'와 '단편'을 처음부터 부각시켜 차별화 한 게 성공적이었다.

이현승 전에 여기저기 단편영화 상영회에 다니면 참 관객이 없더라. 대부분의 사람들은 대개 단편영화란 조금 난해하고 자신과는 거리가 먼 영화라고 느끼고 있었다. 관객들로 하여금 단편영화를 매력적인 것으로 보이게 하면 좋겠다고 생각했다. 대중들은 '장르'라는 틀을 갖고 영화를 즐기지 않나. 단편영화를 장르별로 선별해서 내보이면 관객들도 접근하기 쉬울 것이라는 생각을 했다. 대중들과 함께 즐길 수 있고 소통할 수 있는 단편영화 말이다. '아이 러브 쇼츠(I love shorts)'라는 문구도 여기서 나왔다.

송효정 박찬욱, 김성수, 봉준호, 허진호, 류승완, 김지운 등 처음 합류한 감독들의 라인업이 무시무시했다. 어떻게 의기투합하게 되었는가.

이현승 98년 정도부터 지속해 온 젊은 감독들의 모임이 있었다. 내가 〈그대 안의 블루〉로 92년에 데뷔했으니 90년대 후반 데뷔한 감독들과의 모임에서 맏형 격인 셈이어서 자연스럽게 모임의 주도자가 됐다. 90년대 들어 기존의 한국 영화와 다른 새로운 영화를 만드는 감독들이 등장했는데 여러 가지 이유로 기존 어른들의 영화 단체에 가입하는 것을 꺼려하고 있었다. 그런데 영화에 대한 열정들은 대단해서 영화적으로 뭔가를 나누고 싶어 하는 모습들을 보았고 서로 소통의 계기가 필요해보였다. 그래서 젊은 감독들을 모아 모임을 만들었다. 그 모임이 '디렉터스 컷'이다. 처음에는 10여 명이었다. 박찬욱, 봉준호, 허진호, 김성수, 김지운, 송해성, 김대승, 오승욱, 이재용 등등하고 모여서 영화 얘기하고 그랬다. 류승완이 막내였고. 우리끼리 얘기하다가 후배 감독을 키우고 단편영화를 대중화 할 통로를 만들어보자 해서 그렇게 시작한 거다.

송효정 섹션이 다섯 개고 명칭도 독특하다.

이현승 영화제 섹션 제목을 잡으려고 술 마시며 열띠게 논의했다. 영화광들이 모여서 그런지 제목 얘기하다가 영화 얘기로 빠지고 결국 결론이 잘 안 났다. 액션 섹션인 '4만번의 구타'의 경우 "4백 번? 4천 번?" 이렇게 김성수 감독과 류승완 감독이 얘기를 하다가 "4만 번?"이라고 농담 반 진담 반으로 말한 것을 나중에 급히 정한 경우였다. 그러나 결과적으로 마음에 든다. 그때 '사랑에 관한 짧은 필름'은 허진호 감독이, '비정성시'는 박찬욱 감독이, '절대악몽'은 김지운 감독하고 김태용 감독이 지었다. '희극지왕'은 워낙 주성치 팬이던 봉준호 감독이 지은 거고.

송효정 영화제 초반에 가장 기억나는 감독은?

이현승 초기엔 다 열정적이었지만 특히 류승완 감독이 열심이었다. 조감독들이 없으면 잘 안 움직이는 감독들의 특성상 막내 격인 류(승완) 감독이 실제적으로 많은 걸 했다. 담배 심부름을 비롯해서…(웃음) 언제까지 내가 막내냐고 투덜대기도 했고 우리 중엔 어렸지만 영화 경력은 많으니까 작품 숫자로 따지자, 충무로 입봉 순으로 따지자며 덤비기도 했다.(웃음) 그래도 제일 열정적이었다.

송효정 미쟝센을 두드리는 감독들의 성향에 변화가 있나?

이현승 우리가 영화를 시작할 땐 성공한 감독이라는 개념 자체가 없었다. 영화 한다면 당연히 힘들게 살 것을 각오하는 거였다. 주변에서는 다 만류했고 말이다. 우리는 그런 불확실한 상태에서, 무턱대고 영화가 좋아 이 일을 시작한 세대였고, 영화를 만들었으니까 자연히 감독이 된 것이다. 그런데 요즘의 어떤 신인들은 영화 만들기보다는 감독이 되는 것 자체가 목표다. 긍정적으로 보면 2000년대 이후 감독이 직업으로 자리하게 된 것이다. 멋지고 돈도 벌 수 있는 매력적인 직업으로서의 영화감독. 비판적으로 보면 '좋은 영화'를 만들기보다는 '성공한 감독'이 되고 싶어 하는 신인들이 일부 생긴 것도 변화라면 변화다.

송효정 미쟝센 영화제 지망 감독이 영화제를 상업영화의 교두보로 삼는다는 외부의 시선이 있다.

이현승 알고 있다. 하지만 달리 생각해보면 그걸 비판적으로 볼 것만도 아니다. 특히 미쟝센이 상업영화 데뷔의 교두보 역할을 한다는 오해와 비난도 뭐 이해가 안 되는 것은 아니지만 거꾸로 질문해보자. 왜 어리고 젊은 감독들만 새롭고 순수해야 하나? 기성의 영화인들은 새롭고 순수한 그런 영화를 만들어내지 못하면서 어린 감독 친구들에게만 새롭고 순수한 것을 강요하는 것은 오히려 책임 떠넘기기 아닌가? 단편영화 감독들을 비난해서는 안 된다. 현재 한국의 상업영화가 100편 만들어진다고 하면, 100명의 감독이 아니고 내가 보기엔 서너 명이 다 만들고 있는 것처럼 보인다. 영화에 별 차이가 없다. 누가 만들고 있는지 안 보인다. 여러 이유로 영화계에서 다양성이나 감독의 개성을 인정하려는 풍토가 사라진 결과인데, 오히려 신인 감독이나 단편 감독들에게만 상업적이라니? 그건 말이 안 된다.

송효정 영화 평론가

송효정 '장르의 상상력'을 모토로 한 미쟝센 영화제는 다른 영화제에 비해 자유롭고 수평적인 분위기다. 영화에 대한 고정관념이 없다.

이현승 영화는 이래야 한다는 강박이 없다는 게 미쟝센의 장점이다. 앞서 이야기한 한국 영화계의 풍토보다 영화를 만드는 각자를 인정하고 존중하려는 분위기. 그렇다고 우리 영화제가 최고의 단편영화제라는 건 아니다. 인디포럼, 서울독립영화제, 아시아나국제단편영화제, 부산국제영화제나 전주국제영화제 등등 모두다 각자의 역할을 하고 있다고 생각한다. 다만 영화제 초창기에는 서로의 영역이 겹치기도 했다. 특히 시기가 인접했던 인디포럼의 경우 미쟝센의 등장으로 아이덴티티에 대한 고민을 많이 하게 되었고, 결과적으로는 그런 고민이 긍정적 효과도 가져왔다고 생각한다. 미쟝센이 강력한 영화제가 되면서, 다른 영화제들도 자신들의 존재 이유를 질문하고 그런 고민 속에서 차차 연륜이 쌓이며 역할과 위상을 차별화 하면서 자리 잡게 된 거다.

송효정 제2의 봉준호와 박찬욱을, 중반 이후에는 제2의 나홍진, 조성희를 꿈꾸는 감독들이 영화제의 선택을 기다린다. 그러다보니 장르적 기교만을 뽐내는 영화도 만들어지지 않나?

이현승 '장르의 경계를 넘어, 장르의 상상력에 도전하는.' 우리 영화제의 취지다. 장르를 베이스로 하되 장르를 뛰어 넘으라는 것이다. 장르 안에 매몰되고 테크니컬적으로 세련된 측면만을 자랑한다면 우리 영화제가 지지하는 영화를 오해하고 있는 것이다. 실제로 수상작을 보면 새로운 시도를 보여준 것들이다. 기성 장르 안에 머문 것은 외면받았다.

초창기를 기억해보자. 가령 박찬욱 감독이 '비정성시' 심사할 때 휴머니즘 내지 따뜻한 화해, 뭐 그런 거 다 떨어뜨렸다. 다른 영화제에서 인정받은 완성도 높은 작품들인데도, "젊은데 벌써 따뜻한 세상을 꿈꾸나?" 하면서.(웃음) 더구나 보통영화제를 보면 심사위원에 배우, 평론가, 감독 등 여러 명이 골고루 들어가 심사를 하고 결국 반대 없는 무난한 작품이 상을 받는다. 우리는 무난한 80점짜리 영화보다, 비록 편파적일지라도 각자가 확실하게 지지할 만한 가능성을 지닌 작품을 선호했다. 누군가에게 30점짜리여도 다른 누군가에게는 90점짜리 영화일 수 있지 않은가. 그래서 장르당 우리는 2명의 감독을 심사위원으로 두고, 그들의 개성적인 심사 기준을 존중했다. 우리가 주는 상이란, 평가의 결과가 아니라 우리가 지지한다는 의미를 담은 거다. 허진호가 좋아하는 영화, 류승완이 좋아하는 영화, 이런 영화 말이다.

 장르영화의 산실, 미쟝센의 15년을 돌아보다

송효정 그동안 영화제 분위기가 달라진 게 있나?

이현승 요즘에 고민을 많이 한다. 우리 영화제도 크게 보면 한국영화계의 자장권 내에 있고, 한국영화계가 어떻게 돌아가는가에 따라 영향을 받는다. 영화제를 준비하고 실행했던 지난 1990년대 말~2000년대 초반까지는 한국 영화계에서 제작과 투자(자본)가 대등했던 시기다. 그런데 자본이 차차 노하우를 습득하기 시작하고 창작에 대한 데이터를 쌓아 가면서 제작의 영역을 잠식해 갔다. 현재 한국 영화에 투자하는 투자사가 몇 개 안 된다. 구조적으로 다양한 영화가 나올 수 없는 조건이다. 돈 되는 영화들에 대한 지향도 뚜렷해졌다. 자리를 잡은 감독들보다 젊은 감독들이 영화 만들기가 점점 어려운 시대다. 예전에 문화와 산업은 대립 개념이었다. 그런데 자본이 문화를 자기 영역으로 흡수하면서 이제는 '문화산업'의 시대가 되었다.

송효정 초창기 미쟝센은 놀라운 신인을 배출해냈다. 대표적인 게 나홍진,

이경미, 윤종빈 감독이다. 그런데 최근 미쟝센 출신으로 문제적 감독을 찾기 힘들다.

이현승 재능이나 영화에 대한 열정에는 변화가 없는 듯하다. 다만 구태여 원인을 찾는다면 앞서도 얘기했지만 시대와 사회가, 영화 환경이 변했다. 미쟝센 출신의 뛰어난 감독이 안 나온다기보다는 현재 한국 영화의 구조가 뛰어난 영화가 나올 수 없는 구조로 고착화되어 있다고 보는 게 맞다. 감독만 이야기하지 말고 90년대 후반 한국 영화계를 변화시킨 실력 있던 프로듀서들도 이야기해봐야 한다. 요즘 그런 프로듀서들이 그때처럼 많이, 다양하게 나오지 못하고 있지 않은가? 옛날에는 자본과 제작의 힘이 대등했는데 요즘은 자본의 힘이 세졌고 자연스럽게 투자가 기획에도 관여하기 시작했다. 당연히 프로덕션들이 하청업체가 되었다는 자조적 말이 나온다. 30억짜리 영화 3편을 만드는 것보다 100억을 투자한 한 편의 대작 영화가 수익률이 높다는 데이터가 있으니까⋯ 이런 환경 하에서는 개성 있는 중소규모 영화들이 만들어지기 어려운 것이고 개인을 탓하기보다는 구조를 더 주목해야 한다. 신인 감독이 투자를 받으려면 이렇게 저렇게 써야 한다는 말이 돈다. 기성 감독도 자기다운 영화를 만드는 데 어려움을 겪지만 신인은 그보다 더 어려울 수밖에.

송효정 가장 인상적인 감독이 있다면?

이현승 나홍진 감독이 〈완벽한 도미 요리〉(2005)로 '절대악몽' 최우수작품상을 수상하기 전 〈5 Minutes〉(2003)를 미쟝센에 출품했다. 길이가 40분이 넘는 액션 스릴러 영화였다. 그때 당시 〈죽거나 혹은 나쁘거나〉(2000) 이후에도 독립영화 쪽에서 그런 스타일의 액션영화는 만들지 못하던 시절이었는데, 그것도 혼자 힘으로 중편 액션 영화를 만들다니, 대단한 친구다 하는 생각이 들었다. 10분만 줄이면 충분히 매력적이겠다고 얘기했고 그것을 계기로 감독들, 그리고 영화제와 친해졌고, 이후 〈완벽한 도미 요리〉로 미쟝센의 감독이 되었다. 〈완벽한 도미 요리〉는 특별한 서사 없이 짧으면서도 완성도 높은 세계를 창작해냈다. 나홍진 감독 특유의 인장 같은 이미지들이 담겨있는 작품이다. 윤종빈 감독도 〈남성의 증명〉(2004)을 가지고 왔는데, 영화제에서 받은 상금 500만 원으로 나중에 칸영화제 '주목할만한 시선' 부문에 가게 된 장편 〈용서받지 못한 자〉(2005)의 기초 작업을 할 수 있게 되었다.

영화제란 게 그런 것 같다. 박찬욱 감독이나 김기덕 감독이 해외 영화제 가서 상 받고 왔을 때 내 느낌은 영화제가 자신감을 준다는 것이었다. 즉 스스로 자기 자신을 검열하지 않고 자기 자신을 믿고 영화를 만들어 나가면 된다는 것. 내 생각대로, 내가 느끼는 대로 영화를 만들다 보면 '내 영화 괜찮을까, 관객들은 어떻게 볼까, 영화계와 평론가들은?' 등등 때로는 이런저런 고민을 하게 되는데 영화제는 그것을 넘어서 감독이 자신을 믿게 만드는 힘을 준다. 미쟝센도 그런 영화제가 되고 싶었다.

송효정 어떻게 하면 간택될까 계산을 하지 말고, 자기 자신에게 확신을 가지라는 말인가?

이현승 그렇다, 하지만 쉽지는 않을 거다. 그렇지만 '너답게 만들라'는 말에 충실한 작품을 우리는 지지한다. 〈적의 사과〉(2007)를 만들어 최우수상을 받았던 〈한공주〉(2013)의 이수진 감독도 미쟝센을 통해 일관되게 자신의 사회적 시선을 보여주며 장편영화에 데뷔한 케이스다. 또 자기다움을 잘 찾아간 다른 경우로는 허정 감독이 있다. 〈저주의 기간〉(2010)으로 '절대악몽' 최우수작품상을, 〈주희〉(2012)로 심사위원 특별상을 받았고, 이후 장편 〈숨바꼭질〉(2013)로 데뷔했다. 허정 감독은 초기부터 집, 공간, 공포에 관심을 두고 자기 세계를 분명히 했다. 영화에는 부동산 개발이라든가 한국 사회에서 집이 갖는 의미 등이 잘 엮여 있다. 요즘 단편의 변화와 유사하게 사회적으로 거대 담론이 아니라, 사적이고 섬세한 감성으로 들어가 사회를 바라보는 방식으로 말이다. 허정 감독의 경우 스릴러 내지 호러라는 장르 내에서 우리 사회의 모순을 잘 드러내고 있지 않나.

송효정 심사를 하며 감독들이 놀라고 경악했던 작품이 있나?

이현승 지금은 사라진 감독인데, 신재인이 있다. 〈재능있는 소년 이준섭〉(2002)이라는 영화로 1회에 대상을 받았다. 이후 〈신성일의 행방불명〉(2006)이라는 독립장편 만들고 영화계를 떠났다. 소설을 쓴다는 말도 들었다. 우연히 만나 물어보니 영화계로 돌아올 생각이 없다더라. 개인의 개성이 강하다 보면 집단 창작인 영화 제작이 어려울 수 있다. 가령 음악이나 미술은 혼자서도 할 수 있지 않나? 영화는 그렇지 않다. 신재인 감독을 두고 우리들도 많이 얘기했다. 그러한 개성을 받아들일 수 없는 영화계의 문제인가, 아니면 영화 현실을 감당하지 못하는 개인의 문제인가. 〈재능있는 소년 이준섭〉과 같은 영화는 정말 말도 안 되는 영화였다. 서사에 인과율도 없고, 똥을 먹는 기괴한 장면도 나오지만 우리는 그 불균질하고 에너제틱한 만듦새를 지지했다. 그 당시 사회적인 메시지가 강한 영화가 많이 출품됐는데, 지극히 개인적인 경험과 결핍을 말하는 점이 인상적이었다. 그 이후 대상을 받은 조성희 감독의 〈남매의 집〉(2009)의 경우도 놀라웠고,

엄태화 감독의 〈숲〉(2012)도 우리가 만장일치로 지지한 작품이었다.

송효정 심사위원 만장일치로 대상작을 선정하기에 수상작이 없는 해도 있다.

이현승 규칙을 따로 정한 것은 아니었지만 전통적으로 만장일치가 기준이 되다 보니, 대상이 나오기 어려운 구조다. 심사를 맡은 감독들이 사람 좋아 보이고 그냥 상대방에게 '정하시지요' 하는 표정이지만 의외로 자기주장이 강하다. 새벽이 되도록 결론이 안 나는 일도 빈번하다. 이러한 과정 속에서 심사하는 감독들이 정말 영화를 사랑하는 것을 느낀다. 수상작을 정하고도 또 고심하고 새벽에 집에 가다 다시 바꾸기도 한다. 감독들이 자기가 좋아하는 작품을 정말 열정적으로 지지하는 거다. 그러니 대상이 자주 안 나올 수밖에.

송효정 '수상작 없음.' 이건 영화제가 선언하는 분명한 입장 아닌가?

이현승 그렇다. 그 말이 언론에서는 '대상 배출 실패'니 뭐니 그런 식으로 기사화 되는 걸 보면 우리나라 사람들은 '영화제는 곧 상이다'라고 생각하는 듯하다. 최근 〈아가씨〉(2016)로 박찬욱 감독이 칸에 갔는데 기사가 '수상 실패' 뭐 이런 식으로 나와서 좀 안타까웠다. 영화제가 올림픽은 아닌데… 우리가 '대상 없음'을 표명한 것은 그 해에 모인 개성 있는 감독들이 만장일치로 지지한 작품이 없다는 의미일 뿐이지 뛰어난 작품이 없다는 것은 아니다.

송효정 지금 영화제에 참여하는 기성 감독들은 다 미쟝센 출신인가?

이현승 그렇지 않다. 충분히 개성적이고 후배 감독들에게 좋은 영향을 줄 수 있는 감독들을 집행위원으로 불러들인다. 김용화, 강형철, 이병헌, 장훈 감독도 미쟝센 출신은 아니다. 나홍진, 윤종빈, 조성희, 엄

태화 감독은 미쟝센 출신이고, 박정범 감독은 독립영화 감독인데 미쟝센을 사랑한다. 결국 뭐 독립영화, 예술영화, 상업영화, 장르영화 감독들이 섞여 있는 셈이다.

이현승 운영위원장

 미쟝센의 미래, 장르의 확장성을 고민하다

송효정 15살이면 이제 사춘기에 접어든 셈이다. 앞으로 미쟝센이 나아갈 방향은?

이현승 우리가 처음 영화제를 만들 때 두 개의 목표가 있었다. 신인 감독 발굴, 그리고 단편영화의 대중화가 그거다. 미쟝센 10주년을 맞이했을 때 지난 영화제를 정리하며 우리는 그 두 목표를 어느 정도 성취했다고 평가했다. 그리고 앞으로 무엇을 더 할 수 있을까를 고민했다. 그 사이 미쟝센 영화제가 한국에서 중요한 단편영화제로 확실히 자리 잡았기 때문에, 우리가 어떠한 새로운 방향성을 제시할 것인가에 대한 고민이 필요했다. 그러다 벌써 15주년을 맞이했다. 물론 하나의 영화제가 엄청난 변화를 이끌어내기는 어렵겠지만, 그럼에도 운영위원장을 맡고 있는 나를 비롯해서 10회 이후 새롭게 선임된 집행위원들이 그러한 질문을 하게 되는 거다.

짧은 영화, 긴 이야기

15주년을 맞아 올해 시험적으로 기존 5개의 장르 말고 6번째 장르인 '식스센스'라는 부문을 만들었다. "새롭다고 생각하는 영화들은 다 모여봐라"라는 거다. 혼종장르, 예술영화, 실험영화 등등. 우리가 장르 영화제를 표방한다는 그 기준 때문에 도전적이고 새롭다는 영화들을 영화제가 발굴하지 못했다면, 이번에 한번 해보려고 한다. 한국에서 새로운 영화가 어떤 것인지를 확인하고 발굴해보고 싶다.

송효정 그 외에도 15주년을 기념하는 기획이 있는지?

이현승 현재 단편영화 포털 '아이 러브 쇼츠(I love shorts)'를 기획하고 있다. 스태프, 배우, 음악 등 단편영화 창작의 중심 커뮤니티를 만들기 위한 일환이다. 지금까지는 영화제를 통해 인적 네트워크를 오프라인으로 맺어 왔다면, 그것을 온라인 공간에서도 체계화하겠다는 거다. 그밖에도 단편영화 감독들에게 어떻게 제작비를 회수하게 할 수 있을지를 지속적으로 고민한다. 감독들은 대개 자비를 들여서 단편영화를 찍는데 그 돈을 회수할 방법이 없다. 미쟝센 영화제에서는 몇 년 전부터 영화제 입장료와 IPTV 상영 등등 여러 방법을 동원해서 수익을 창출하고 감독들에게 고스란히 돌려주고 있다. 몇 년 전 영화제가 성공하면서 케이블TV 채널 같은 곳에서 영화제 영화를 무료 상영하자고 제의해 온 적이 있다. 하지만 우리는 무료로 트는 것은 안 된다는 입장이어서 거절했다. 감독들의 저작권을 인정하고, 많든 적든 상영료를 줘야 한다는 것이 우리의 입장이다. 단편영화 감독이라도, 신인이라도 아마추어가 아니라 창작자로 인정해주는 것이 중요하다.

송효정 영화제의 확장성을 위해 고민하고 있는 점이 있는지?

이현승 최근에는 영화제 프로그램 북에 상영되는 모든 작품에 대해 전문 비평가들의 리뷰를 싣고 있다. 감독들이 이러한 전문가 리뷰를 매우 좋아해 반응이 좋다. 감독들은 단편영화지만 자신의 작품에 대한 진지하고 객관적인 평가에 목말라 있다. 이러한 작은 시도를 통해서 감독들은 미쟝센 영화제가 세심하게 창작자의 마음을 읽고 있다고 생각하며 신뢰를 쌓아 가게 된다.

또 치열한 경쟁을 뚫고 영화제에 작품을 상영하게 되면 스태프, 배우, 지인들이 기뻐하며 보러 오는데 어쩔 수 없이 감독은 커피나 밥, 술을 사줘야 한다. 근데 제작비에 자신의 돈을 쏟아부은 감독들은 고민이 많다. 그것을 우연히 알게 되었다. 그래서 다른 예산은 줄여서라도 어떻게든 감독들에게 영화제가 시작하면 10만 원씩이라도 활동비로 지원해주라고 했다. 감독들이 그런 데에서 감동을 받더라. 우리 상황과 마음을 아는 영화제라고⋯

대단한 감독들이 집행위원을 맡고 있는 영화제라는 그러한 유명세보다, 선배 감독들이 영화를 만드는 후배의 마음을 읽어내는 영화제라는 것. 그런 마음 씀씀이, 배려가 미쟝센을 감독들이 가고 싶어 하는 영화제로 만들었을 것이다.

송효정 액션, 느와르, 호러 등 미쟝센이 선호하는 장르는 대개 남성적 장르다. 그래서인지 이경미, 강진아, 노덕 같은 미쟝센 출신 여성감독이 최근 부쩍 줄어든 인상이다.

이현승 사실 한국 사회에서의 여성의 위상과 영화계에서의 여성의 위상이 크게 다르지 않다. OECD 국가 중 여성의 사회적 지위가 끝에서 3위라고 하지 않나? 평소에 그런 기사를 관심 있게 읽는데 여성 자체의 위상이 낮은데 영화만 특별하기는 힘들다. 더구나 여성 감독이 많아지지 못하는 것은 여배우 문제와 더불어, 여성이 주인공인 영화를 기획하면 투자가 잘 안 되는 복합적 현상과 맞물려 있기도 하다. 나 같은 기존의 감독도 여주인공 영화를 기획하면 투자 받기가 쉽지 않은 현실이다. 어딘가에서 읽었는데, 최근 빅데이터를 보면 한국 사회의 정서적 키워드가 분노, 불안, 슬픔이라고 하더라. 한국 사회 대중의 무의식을 무의식적으로 반영하는 것이 영화이니 성공한 영화도 폭력, 액션, 스릴러 혹은 센티멘털 휴머니즘에 국한되는 거다. 또 현실 속에서 여성의 삶들이 다양할 수 없는 사회적 조건이다 보니 좀 특별한 여주인공을 만들면 또 비현실적이 되어 버리고⋯ 창작 능력으로만 보면 여성들이 뒤지지 않고 때로는 더 뛰어나지만 아직도 현실에서는 그 능력들을 흡수할 수가 없는 남성 중심 사회다.

송효정 영화 제작 현장이라는 게 남성들에게 더 유리하다는 말인지?

이현승 여성들은 영화 만들기의 피곤함이 아니라 성적 긴장 같은 다른 일들로 피로감을 느끼게 되는 듯하다. 그러니 결국 남성이 유리해지는 것이 아닐까? 예를 들어 감독들끼리 밤늦게 술 마시다 간혹 배우들에게 나올 수 있는지 물어보면 늦은 시간이라도 남자 배우들은 선뜻 오지만, 여자 배우는 다 아는 친한 감독들이지만 이 시간에 나가야 하나 순간 고민할 수밖에 없을 것 같다. 즉 한국에서 여성이라는 위치는 늘 스스로 어떻게 처신해야 하는지 자꾸 신경 쓰고 검열을 하게 만든다. 남자는 하지 않는 것들을 고민해야 하는 피곤함이 있고 영화 현장도 예외는 아니라는 말이다.

송효정 그래도 여성감독들이 치열한 자기고민과 도전으로 장르를 개척할 필요가 있다는 말로 들린다.

이현승 이번에 15주년 기념 여성감독 특별전을 한다. 왜 우리가 여성감독을 조망해야 하는지 사실 내부에서도 논의가 많았다. 실력을 갖춘 여성은 많다. 그런데 실제로 여성 감독들이 단편이지만 완성도 높은 작품을 만들고 나아가 장편영화감독으로 데뷔하는 일은 한국에서 쉽지 않은 편이다. 일단 남성 중심 인적 네트워킹의 과정에서 어려움을 겪는다. 학교에 있다 보면 간혹 재능 있는 여학생이 좋은 시나리오를 갖고도 영화를 들어가지 못하고 포기해 버리는 것을 본다. 스태프 구성의 어려움이나 앞서 이야기한 대로 여성으로서의 불필요한 피곤함이 있다. 그런데 이것은 영화계만 특별히 그런 것이 아니다. 한국 사회에서 똑똑한 여성들은 판검사가 되거나 의사가 되려고 한다는데 그 이유는 혼자 노력하고 똑똑하면 할 수 있는 일이기 때문이다. 예를 들어 대기업에 들어가서 조직의 일원으로 남성 중심 사회에서 동료들과 관계를 맺어 가면서 능력을 발휘하는 것은 쉽지 않다는 말이다. 영화도 역시 집단 창작이기 때문에 자기 혼자 똑똑해서 되는 것이 아니고 다른 사람들을 설득하고 이해시켜서 원하는 것들을 만들어 내는 지난한 과정이 필요하다. 그런데 그런 제작 과정에서 스태프들과 부딪치면서 성적 긴장감 등 원치 않게 불필요한 에너지를 쏟게 되기도 한다. 남녀 모두 평등하고 격의 없는 분위기라면 좋을 텐데 말이다. 남자 감독이 화내면 카리스마 있다고 하고, 여자 감독이 화내면 히스테리라 한다.

내가 데뷔할 때 재미있는 일이 있었다. 나름 여성 주의 영화 〈그대 안의 블루〉(1992)를 만든다는 소문이 나자 영화아카데미 여자 후배가 와서, 자신이 퍼스트 조감독을 하고 싶다고 했다. 여자라고 계속 세컨 조감독만 시키고 퍼스트를 안 시켜주는데 선배님은 이런 영화를 만드시니 자기를 써 달라는 말이었다. 고민스러웠지만 '그래 내가

이런 영화를 만드는데 여자 후배를 퍼스트로 쓰자' 하고 결정했다. 결국 그 결정은 옳았다. 여자 넷에 남자 셋, 총 7명이 조감독이었는데 영화 촬영 중에 남자들은 다 도망가고 여자들만 남았다. 오히려 근성과 실력이 남자들보다 뛰어난 거다. 하지만 한국 사회에서 사회적 관계를 맺는 방식이 여전히 여성들에게 불리하다. 남성도 그것에 대해 파악하고 바꾸어야 하고, 여성 감독들도 좀 더 노력할 필요가 있다. 개인적인 문제도 없지 않겠지만, 구조적인 문제도 있다는 뜻이다.

송효정 미쟝센 영화제는 영화계의 여러 분야에서 개방적인 인간관계 형성에 도움이 되고 있나?

이현승 미쟝센 영화제의 큰 역할 중 하나는 그거였다. 그래서 영화제 기간 동안 또는 개폐막식 뒤풀이나 감독의 밤 등을 통해 감독, 배우, 스태프들이 창작을 위한 인적 네트워킹을 만들어 나가는 중요한 장을 만들려고 애를 썼다. 명예심사위원을 맡은 배우들에게 꼭 뒤풀이 자리에 참석할 것을 권유한다. 아직은 장편 감독은 아니지만 그런 자리를 계기로 서로 소통하면서 재능과 가능성을 발견하는 그런 모임이 되도록 말이다. 배우 박해일이 조성희 감독의 〈짐승의 끝〉(2010)에 나온 것도 전년도 대상을 받은 〈남매의 집〉에서의 인연 때문이다. 배우 강동원이 〈검은 사제들〉(2015)에 출연한 것은 장재현 감독이 〈12번째 보조사제〉(2014)로 최우수상을 받은 해의 심사의 인연이 이어진 경우다. 배우들도 단편영화를 보고 좋아하는 감독들을 만나고 알게 되고 기회가 되면 나중에 같이 작업을 할 수 있다. 단편영화 포털도 그런 취지에서 만들려고 하는 거다. 좀 더 공적이고 합리적인 시스템이 필요하다고 생각해서다. 영화제는 그런 시스템의 일종이다. 영화를 만들어 상영을 하고 관객들의 반응을 보고 싶다는 그런 커뮤니케이션에 대한 바람은 단편영화 감독이나 유명한 박찬욱, 홍상수, 김기덕 같은 예술적인 성향의 감독들이나 마찬가지다. 그림은 사람이 없이 어딘가에 걸려만 있어도 본질이 변하지 않지만 영화는 관객이 한 명이라도 없으면 프로젝션 자체가 성립되지 않는다. 흥행을 원한다는 것이 아니라 관객을 만난다는 것은 영화의 본질이고, 또 다른 측면에서 영화제가 인간 대 인간의 만남을 만들어 간다는, 그 역할을 한다는 거다.

송효정 특히 미쟝센 영화제가 관객도 많고 그 반응도 역동적이다.

이현승 그렇다. 다시 강조하지만 감독에게는 관객과의 만남이 중요하고, 더구나 극장배급 시스템이 전혀 없는 단편영화의 경우에는 그것의 중요함을 더욱 알기에 미쟝센 단편영화제는 관객들을 모으기 위해 많은 노력들을 해 왔고 감독들을 위해 객석을 채웠다. 가령 칸영화제를 가보니 감독들은 영화제의 열렬한 관객 반응에 정서적으로 고양된다. 예전에 〈추격자〉(2007)가 칸영화제 '미드나잇 스크리닝'에 초청됐을 때 나도 같이 영화를 봤는데 상영이 끝나니 새벽 두 시가 넘었다. 끝나고 좀 떨어진 곳에서 나홍진 감독과 술자리를 가졌는데 영화에 매료된 많은 관객들이 거기까지 따라와 영화에 대해 감동받았다며 사인을 받아 가는 거다. 극장이 꽉 차고, 관객들은 열광하고. 그러면 감독도 흥분된다. 알다시피 미쟝센 영화제는 단편영화제의 칸이다.(웃음) 그렇게 만들어주려고 노력한다.

 경험을 넘어서라! 혁신적 상상력과 사유로 무장해야

송효정 한국 영화의 미래를 어떻게 보는가?

이현승 흥행한 영화, 유명 국제영화제 간 영화, 영화계와 평론가들이 인정한 영화. 예전에는 이 셋 중 하나만 되어도 그 영화는 성공적이라고 했다. 그런데 지금은 흥행 아니면 유명 국제영화제다. 객관적 입증만이 유효하다. 담론에 의해서 형성된 영화 가치의 중간이 없다. 유명 국제영화제에 가서 인정을 받거나, 관객 3백만 명 이상은 들어야 성공이다. 즉 한국 영화산업이 재편되면서 평론의 자리가 실종되었고, 동시에 중간의 영화적 공간이 사라졌다. 나홍진 감독의 〈곡성〉(2016)은 외국 영화라고 농담처럼 이야기한다. 실제적으로 20세기 폭스에서 만들었으니까. 극단적으로 표현하면 외국 자본과 한국 감독의 개성과 뚝심이 만든 영화지, 어떤 면에서는 한국 영화 환경이 만들어낸 영화가 아니다. 개성 있는 감독이 많이 나와야 하는데 아이러니한 거다. 90년대 후반에 나온 홍상수, 김기덕, 박찬욱 이후 그 계보를 잇는, 칸, 베를린, 베니스에서 주목받는 신진 감독이 나오지 못하고 있다. 나홍진 감독 정도이다. 그 이유는 한국 영화계의 구조적인 문제점과 더불어 다른 요인들도 있다. 세계관과 인문학적 깊이의 문제다. 독립영화 중에도 치열한 주제의식도 중요하지만 인문학적 깊이 속에서 예술적 창의성과 만듦새를 지닌 영화가 나와야 한다. 어떤 면에서 훌륭하지만 감독 자신이 경험한 청소년기의 모습들, 즉 또 다른 측면에서는 퇴행적인 영화는 그만 좀 만들었으면 좋겠다. 〈파수꾼〉(2010) 이후에 수년간 학원 문제니 폭력이니 그런 자신이 경험했던 과거의 문제나 성장 영화들만 파고들고 있지 않나. 자신이 경험한 것을 다루면 리얼리티는 확보될 것이다. 하지만 거기에 영화의 미래 지향적인 깊이가 있는 예술영화의 가능성은 부족해진다. 한국 현실에서 어려운 문제일 수도 있다. 자본주의가 너무도 자연스럽고도 교묘하게 내면화되어 그 안에서 '다른' 사유를 하기 힘들다. 자본에 저항하고 부조리를 견제하는 게 문화였는데, 요즘에는 그것에 저항하는 것까지를 문화 상품으로 만든다. 혁명도, 체 게바라도 상품이 된다. 이러한 때에 예술적이고 창의적인 어떤 영화를 만들어낸다는 것은 참 어려운 일이고 개인에게 짐을 지우는 것도 좀 그렇고… 그런 점에서 한국 영화의 미래에 영화제의 역할이 중요하지 않은가?

송효정 마지막으로 단편영화를 꿈꾸는 감독들에게 하고 싶은 말이 있다면?

이현승 윌리엄 프리드킨 감독의 말을 어릴 때 인상적으로 읽은 적이 있다. 만약에 영화가 돈을 내고 하는 일이라 하더라도, 내가 첫 번째 줄, 제일 앞에 서겠다고. 단편영화는 그런 열정의 영화가 아닌가? 대부분 자기 돈으로 제작비를 충당하니까 단편영화는 아마추어나 습작, 학생영화가 아니라 장편과 동등한, 아니 그것을 넘어서는 영화적 순수가 존재하는 작품이다. 다만 짧을 뿐이다.

· 인터뷰어 _ 송효정 영화평론가

대구대학교 기초교육대학 교수. 제12회 〈씨네21〉 영화평론상 수상 이후 저
널비평을 지속하고 있다. 고려대학교 국문과 및 동대학원에서 한국근대문
학 연구로 박사학위를 받았다. 영화, 문학, 매체를 통해 식민-해방-냉전 질
서에 대해 연구한다. 인디포럼 상임작가, 서울시립대학교 도시영화제 프로
그래머로 활동하고 있다.

10인의 감독들이 말하는
짧은 영화, 긴 이야기

단편과 장편, 그 모든 것이 내 영화를 이루고 있다
– 박찬욱 감독 인터뷰

주성철(<씨네21> 편집장)

박찬욱 감독은 <심판>(1999)을 시작으로 인권영화 옴니버스 프로젝트였던 <여섯 개의 시선>(2003) 중 <믿거나 말거나, 찬드라의 경우>, <쓰리, 몬스터>(2004) 중 <컷>을 포함하여 이탈리아 패션 브랜드 에르메네질도 제냐(Ermenegildo Zegna)의 의뢰로 만든 단편 <A Rose Reborn>(2014)에 이르기까지 총 8편의 단편을 만들었다. <파란만장>(2010)을 시작으로 동생 박찬경 감독과 '파킹 찬스'라는 이름으로 공동 연출한 4편을 포함하면 2010년대 들어 거의 매년 단편 작업을 해 오고 있다. 장편영화들의 빛나는 성과 때문인지 '박찬욱 감독의 단편'은 상대적으로 덜 주목받았던 것 같지만, 꾸준한 작품 활동과 더불어 그의 단편영화들은 당대의 미학적 고민과 기술의 발전을 아우르려는 '현재의 박찬욱'을 설명하는 중요한 작업이라고 할 수 있다. 특히 세 번째 장편 <공동경비구역 JSA>(2000)를 지금의 박찬욱을 만든 새로운 출발이라고 부른다면, 첫 번째 단편이자 그 전해인 1999년에 만든 <심판>은 <공동경비구역 JSA>는 물론이요 가장 최근에 만든 <아가씨>(2016)에 이르기까지 그가 줄곧 천착해 오고 있는 '속죄'와 '믿음'의 문제를 다루고 있다는 점에서 무척 흥미롭다. 어쩌면 장편이 아니라 단편이기 때문에 감독 박찬욱의 현재가 더 치밀하고 집요하게 담겼다고 말할 수 있을지도 모른다. 그러니까 박찬욱 감독의 과거와 현재를 잇는 작업에서, 단편은 절대 빼놓을 수 없는 퍼즐의 키워드다.

주성철 박찬욱 감독의 단편영화는 장편영화의 성과에 비해 상대적으로 덜 주목받았다고 할 수 있지만, 창작에 대한 고민을 더 치열하게 담아 내고 있다는 생각이 든다. 스마트폰으로 만든 단편도 있고, 장편에 서 볼 수 없던 부류의 주인공을 내세우는 경우도 있다. 가령 〈컷〉에 는 감독님의 모든 작품을 통틀어 유일하게 영화감독 유지호(이병헌) 를 주인공으로 내세웠다. 그럴 경우 보통 주인공을 감독의 '분신' 혹 은 '또 다른 자아'라 부르기도 하는데, 대사도 흥미롭다. 출연을 고 민하는 영화 속 배우(이대연)에게 유지호 감독은 "너무 착한 영화만 하면 바보 됩니다"라는 조언까지 해준다. 그 대사가 마치 현실의 박 찬욱 감독이 가진 생각과 일치하는 건가라는 생각까지 이르게 되면 무척 재미있다. 그런 설정과 대사들을 통해, 장편과 비교해 박찬욱 감독이 무척 자유롭고 열린 자세로 단편을 만든다는 생각이 들었다.

박찬욱 일단 〈컷〉에 등장하는 감독 캐릭터는 나하고 아무런 관계가 없다. 성격도 나와 거리가 멀고, 절대 나를 떠올리면 안 된다.(웃음) 돌이 켜보면 그런 대사들은 약간 잘난 척하는 유지호 감독의 재수 없는 면을 보여주려고 쓴 것이다. 내가 가진 생각과 일치한다기보다 그 런 대사를 내뱉을 때의 쾌감 같은 걸 느낄 수 있다. 그런데 분명한 것은, 말씀하신 것처럼 단편영화이니까 영화감독이 주인공인 작품 을 만든 게 맞다. 사실 영화감독이라는 캐릭터는 별 재미가 없기 때 문에 그를 주인공으로 장편영화를 만들 일은 앞으로도 없을 것 같 다.(웃음) 그런 점에서 분명 내게 단편영화는 장편에서 하지 못한 것 을 가능하게 해주는 해방구 같은 것이기도 하다.

주성철 오랜 기간 미쟝센 단편영화제에 참여해 온 것만큼이나 단편에 대한 감독님의 애정을 느낄 수 있는 사례가 있다. 〈올드보이〉(2003) 얼티 밋 에디션(UE) DVD에는 김민석 감독의 〈올드보이의 추억〉(2004), 〈친절한 금자씨〉(2005) DVD에는 박수영, 박재영 감독의 〈핵분열가 족〉(2005), 〈싸이보그지만 괜찮아〉(2006) DVD에는 정태경 감독의 〈2분〉(2005), 〈박쥐〉(2009) DVD에는 정유미 감독의 단편 애니메이 션 〈먼지아이〉(2009)를 수록하고 추천 멘트까지 덧붙였다.

박찬욱 내 영화 DVD를 보는 다른 영화인들이나 해외 비평가들이 스페셜 피처로 들어간 그런 단편을 보고 발견하는 재미가 있었으면 했다. 그래서 그 단편을 만든 감독이 혹시라도 어떤 프로듀서의 눈에 띄 거나 해외 비평가의 주목을 받게 된다면 좋은 기회가 될 것 아닌가. 그런 생각에 그들의 허락을 얻어 매번 DVD 구성을 그렇게 해봤다. 내가 선택한 단편에 대해 그 감독이 허락만 해준다면 이후에도 계 속 그렇게 하고 싶다. 사실 지난 몇 년 간 미쟝센 단편영화제 심사 를 하지 못하는 바람에 발견한 작품이 별로 없는데, 내 영화 출시할 때 '이번에도 좋은 단편을 소개해야 한다'고 생각하면 어떤 식으로 든 강제적으로 여러 단편을 찾아보게 될 것 아닌가. 그 핑계로 주목 할 만한 단편들을 보는 거지.(웃음) 아무튼 심사는 못 해도 미쟝센 단편영화제에 영화라도 보러 가야 그런 고민이 해결될 텐데…

주성철 미쟝센 단편영화제는 그동안 수상 감독들이 충무로에 진출하는 데 도 중요한 역할을 해 왔다. 특히 현역 감독들이 직접 본선 심사를 맡고 일종의 '멘토'처럼 참여하면서, 발굴한 감독들을 다른 감독에 게 소개하거나 자신의 영화에 연출부로 끌어들이는 경우도 종종 있 었다. 감독님의 경우는 어떤가?

박찬욱 원래 내 연출부는 밑에서부터 성장해서 조감독까지 이르는 경우가
많았다. 세컨드부터는 퍼스트가 알아서 사람을 뽑았고 그게 또 퍼
스터의 중요한 권한이기도 하니까. 그래서 내가 누군가의 추천을 받
아서 데려오거나 하는 경우는 별로 없었는데 미쟝센 단편영화제에
참여하면서 좀 달라지긴 했다. 2004년 미쟝센 단편영화제에서 '비정
성시' 부문 최우수작품상을 수상한 이경미 감독이 바로 그런 경우
다. 그때 내가 심사위원이었고 내 영화사 모호필름에서 데뷔시키고
싶은 생각이 있었다. 그래서 트레이닝 차원에서 〈친절한 금자씨〉의
스크립터를 시켰다. 그런 다음 〈미쓰 홍당무〉(2008)를 만들게 된 거
다. 반대로 2012년 〈숲〉으로 미쟝센 단편영화제 대상을 수상하고,
나중에 〈잉투기〉(2013)를 만든 엄태화 감독은 내 단편 〈파란만장〉
의 연출부 출신이다. 그리고 2013년에 내 이름으로 특별상을 줬던
〈달이 기울면〉(2013)의 정소영 감독은 이경미 감독의 두 번째 장편
〈비밀은 없다〉(2015)에 작가로 추천해서 합류했다.

박찬욱 감독

주성철 2004년 미쟝센 단편영화제에서 〈올드보이의 추억〉으로 '4만번의 구
타' 부문 최우수작품상을 수상하고, 나중에 〈초능력자〉(2010)로 데
뷔한 김민석 감독의 경우는 어떤가? 〈올드보이〉 UE DVD에도 그
단편이 실렸고 제목부터 직접적으로 감독님 영화를 패러디했기에
남다른 인연이 있을 것 같다.

박찬욱 김민석 감독은 김지운 감독이 바로 〈달콤한 인생〉(2005) 연출부로
데려갔다.(웃음) 평가가 괜찮았는지 이듬해 봉준호 감독의 〈괴물〉(2006)
연출부도 했다. 그 뒤에는 다시 김지운 감독과 만나 〈좋은 놈, 나쁜
놈, 이상한 놈〉(2008)에 각본 겸 조감독으로 일했다. 그처럼 미쟝센
단편영화제에서 눈에 띈 친구들을 늘 가만두지 않았던 것 같다.(웃음)

주성철 1회 때부터 미쟝센 단편영화제에 참여해 온 역사가 참 긴데, 그 시간
동안 유독 기억에 남는 작품이 있다면?

박찬욱 단연 조성희 감독의 〈남매의 집〉(2009)이다. 미쟝센 단편영화제에
서 신재인 감독의 〈재능있는 소년 이준섭〉(2002)이 대상을 수상한
뒤로, 각 부문별 최우수상 위의 대상을 수상한 작품이 한동안 없
다가 〈남매의 집〉이 심사위원 만장일치로 두 번째 대상을 수상했었
다. 단편으로 주목받은 젊은 감독들이 이후 장편 데뷔작을 내놓지
못하고 방황하는 경우를 많이 봤기에, 그가 미쟝센 이후 상업영화
시장에서도 벌써 〈늑대소년〉(2012)과 〈탐정 홍길동: 사라진 마을〉(2016)
등 꾸준히 작품 활동을 하고 있는 점도 훌륭하다고 생각한다.

주성철 시간을 거슬러 가서, 감독님이 영화감독을 꿈꾸던 당시에는 김의석
감독의 〈창수의 취업시대〉(1984), 이정국 감독의 〈백일몽〉(1984), 변
혁, 이재용 감독의 〈호모 비디오쿠스〉(1990), 양윤호 감독의 〈가변

차선〉(1992), 허진호 감독의 〈고철을 위하여〉(1993) 등 당대의 전설과도 같은 몇몇 단편영화들이 있었다. 그런 영화들을 동시대에 보면서 자극받거나 한 일은 없었나?

박찬욱 건너서 소문을 듣긴 했지만, 상영회가 있다고 해서 찾아가서 본다거나 구해서 본다거나 하는 일은 없었다. 그때는 요즘처럼 접근할 수 있는 채널이나 통로가 협소해서 그런 것일 수도 있지만, 사실 크게 관심이 없었다고 할 수 있다. 지금 부산국제영화제 부집행위원장으로 있는 전양준 선배나 그 위의 또 다른 선배들이 '작은 영화 운동' 같은 일들을 벌이면서 여러 행사도 많이 했었고, 영화를 공부하고자 하는 학생들이 학교마다 다 뻔했기 때문에 이리저리 몰려다니면서 봤을 법도 한데, 난 딱히 그런 경험이 없다. 서강대 영화 동아리에서도 8밀리 단편영화를 찍다가 중단된 적이 있는데, 돌이켜보면 그렇게 열심히 만들지도 않았던 것 같다.(웃음) 솔직히 학생들이 만드는 그런 단편영화들은 당연히 아마추어 같을 수밖에 없고, 그것 또한 그때의 낭만이자 순수한 매력 같은 것일 수도 있는데, 그냥 좀 그때는 그런 게 어설프다고 생각했던 것 같다.(웃음) 또 그때는 영화 학교 학생들이 아니고서는 단편영화를 만들어 주목을 받는다거나, 혹은 그렇지 않다 하더라도 미쟝센 단편영화제 같은 좋은 통로가 없었다. 그냥 연출부 막내부터 시작해서 차근차근 위로 올라가는 것이 감독이 되는 가장 일반적인 길이었다. 그러다 독립영화협의회의 낭희섭 대표를 통해서 보게 된 봉준호 감독의 단편 〈백색인〉(1994)을 보고는 놀랐던 기억이 있다. 〈백색인〉 외에는 딱히 기억나는 작품이 없다.

'JSA'로 가는 신호탄, 단편 〈심판〉

주성철 〈공동경비구역 JSA〉 전에 만든 감독님의 첫 번째 단편 〈심판〉은 어떻게 시작하게 된 작품인가?

박찬욱 〈심판〉은 당시 '영화마을'에 있던 이진숙 PD가 영화마을 비디오 가맹점들에만 독점적으로 배포하는 영화를 만들자는 기획을 내놓으면서 시작된 옴니버스 영화 중 한 편이었다. 나 포함해서 김지운, 박기형 감독 그렇게 셋이서 만들기로 했는데 다른 두 사람이 각각 〈조용한 가족〉(1998)과 〈여고괴담〉(1998)으로 잘 나가던 때라 너무 바빴다. 그래서 나 혼자 완성은 했는데 어디 붙일 데가 없었다. 준비하던 장편들이 만날 엎어지던 상황에서, 비록 단편이고 비디오라도 내 영화를 드디어 대중들에게 선보일 수 있겠다는 생각으로 들떠 있었기에, 그 두 인간이 어쩌나 밉던지.(웃음) 그런 이유로 홀로 남게 된 단편이다.

주성철 〈공동경비구역 JSA〉를 군이 지금의 박찬욱을 만든 새로운 출발이라고 부른다면, 직전에 만든 〈심판〉에서 지금의 박찬욱을 설명할 수 있는 여러 요소가 엿보여 흥미로웠다. 최근작 〈아가씨〉에 이르기까지 '속죄' 혹은 '믿음'의 문제가 〈심판〉에 고스란히 녹아 있었다. 가령 〈심판〉에서 병원 영안실의 염사(기주봉)는 대형 참사로 얼굴이 심하게 훼손된 20대 여자의 시신을 두고, 이미 영화가 시작할 때부터 존재하던 부모가 있는데도 갑자기 자신의 딸이라고 주장한다. 그가 전에도 시체를 보고 자신의 자식이라고 주장한 적이 있다는 증언이 등장하며, 관객이나 영화 속 인물들 모두 그가 헛소리를 하고 있다고 여기게 만든다. 그런데 얼마 안 가 그들 부모의 진짜 딸이

짧은 영화, 긴 이야기

라는 다른 여자가 나타난다. 누구를 믿어야 할지 힘든 상황이 되는 것이다. 한편, 〈복수는 나의 것〉(2002)에서 영미(배두나)도 자신을 혁명적 무정부주의자 동맹의 일원이라고 주장한다. 영화 속 인물들이나 관객도 헛소리라고 생각하며 그녀를 절대 믿지 않는다. 심지어 나중에 형사는 그녀가 북한으로 간다는 소동을 피우면서 강을 건너다 그물에 걸렸다는, 거의 조롱에 가까운 말까지 한다. 하지만 그것은 결국 후반부에 사실로 드러나고 중요한 반전의 포인트를 제공한다. 말하자면 감독님의 단편들은 장편에서 시도하지 못하던 것들을 가능하게 해준 자유를 주기도 했지만, 그럼에도 역시 단편 또한 박찬욱의 인장이 깊이 새겨진 영화들이다. 단편과 장편이 얼핏 달라 보이지만 결국 그 본질은 같다는 생각이 든다.

박찬욱 의도적으로 그렇게 된 건 아닌데, 듣고 보니 그런 것 같다. 물론 큰 애정을 갖고 있긴 하지만, 나의 초창기 두 편의 장편이 뭔가 좀 습작기의 부끄러운 작품들이었다면, 그런 시기가 끝나고 어렴풋하게나마 내 세계가 뭔지, 앞으로 어떤 작품을 만들어야 할지, 그런 자의식을 가지고 작품에 임했다는 측면에서 〈심판〉은 분명 그런 신호탄 같은 작품이라 할 수 있다. 지금도 내 경력에서 가장 중요한 작품이라고 생각한다. 그 경험이 있었기에 이후에도 단편 작업에 즐겁게 임할 수 있었다. 그때만 해도 나는 영화학교 출신도 아니었고, 이미 장편을 두 편이나 만든 사람이었기에 그런 단편을 만든다는 것이 좀 예외적인 경우였다. 당시 〈심판〉 전후로 정말 힘든 때였다. 작품 준비하다가 엎어지는 일이 워낙 많았다. 그러던 차에 이진숙 PD의 기획으로 시작된 옴니버스 영화 중 한 편이 바로 〈심판〉이었다. 그때는 나를 외롭게 만든 그 박기형, 김지운 감독이 참 미웠는데(웃음),

결과적으로 〈심판〉이 내게 행운을 안겨준 단편이 됐다. 그때만 해도 돈이 문제가 아니라 더 이상 허송세월할 수만은 없다, 뭐라도 해야 한다는 생각에 시작한 작품이 〈심판〉이었는데 그로부터 얼마 안 가 바로 〈공동경비구역 JSA〉가 들어왔기 때문이다. 내겐 정말 복덩어리 같은 작품이다.

주성철 그래서였을까, 〈심판〉의 배우 기주봉, 고인배 씨가 나란히 〈공동경비구역 JSA〉에도 출연한다. 그 둘이 〈심판〉에서 죽은 여자의 시신에 얼굴까지 나란히 맞대며 제각각 자신의 딸이라고 주장하며 대립하는데, 〈공동경비구역 JSA〉에도 그 두 사람이 각각 대립하는 남한군과 북한군으로 나와 재미있었다.

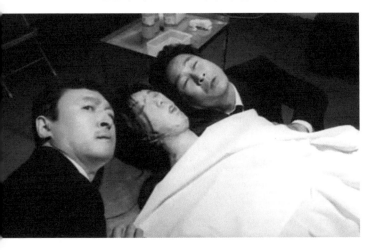

〈심판〉(1999)

박찬욱 그렇게 봐줬으면 하는 의도가 있긴 했는데, 뭐 너무 지엽적인 것이고.(웃음) 기주봉 배우는 이후 〈복수는 나의 것〉도 그렇고 내 영화에 자주 출연했는데 키가 작고 다부진 데다 어딘가 마스크가 한국적인 그런 느낌이 있어서 캐스팅했다. 연기 잘 한다는 얘기를 많이 들어서 무작정 찾아가서 출연해달라고 요청했던 기억이 있다. 촬영

짧은 영화, 긴 이야기

을 끝내고 보니 화면을 잘 받는 얼굴이었다. 또 〈심판〉은 배우와 연기지도에 대한 고민도 크게 반영됐던 작품이다. 연기에 대해서 배우들과 어떻게 대화를 나눠야 할지 잘 몰랐던 때고, 그런 것들이 나의 문제라고 생각하고 있던 시기였다. 그래서 그걸 해결하기 위해서는 이미 연기를 잘하고 있는 사람을 모셔다가 좀 배워 가면서 해야 한다고 생각했다. 그래서 기주봉 씨를 무작정 찾아가서 캐스팅했던 거였다. 사고 담당 공무원 역의 박지일 씨도 당시 대학로에서 굉장히 잘 나가던 일류 배우였는데, 역시 무작정 찾아가서 출연을 부탁했었다. 물론 박지일 씨도 〈공동경비구역 JSA〉 시나리오를 매우 좋아해서 캐스팅하려고 했는데, 스케줄이 맞지 않아 출연하지 못했다.

 짧은 소풍처럼… 즐거웠던 단편들

주성철 박광수, 여균동, 임순례, 정재은, 박진표 감독 등과 함께 참여한 인권영화 옴니버스 프로젝트인 〈여섯 개의 시선〉(2003)에 〈믿거나 말거나, 찬드라의 경우〉라는 작품을 연출했다. 한국어에 능숙하지 않다는 이유로 6년 4개월 동안 정신병원에 수감됐던 네팔 노동자 찬드라 구릉의 이야기를 그리고 있다. 다큐멘터리 스타일이라는 점에서 역시 감독님의 다른 작품들과 큰 차별점을 보인다. 그러면서도 여성 주인공, 그리고 믿음의 문제를 다룬다는 점에서 감독의 색깔이 짙게 묻어 있다.

박찬욱 맞다. 지금도 애착이 큰 작품이다. 네팔을 직접 다녀오느라 내 돈도 많이 들었고. 네팔만 안 갔어도 제작비가 그렇게 늘어나진 않았을 텐데.(웃음) 그래도 현지 미구간 같은 곳에서 먹고 자고 하며 즐겁게 촬영했던 기억이 있다. 돌이켜보면 그런 기억이 참 소중하다. 나중에 찬드라가 한국에서 모금된 돈으로 조그만 구멍가게도 내어 잘 살고 있다는 이야기를 들어서 기뻤다. 어쨌건 그것이 인권영화로 출발했다고 해서 빤한 리얼리즘 형식의 영화로 만들고 싶지는 않았다. 그리고 현재 오퍼스픽쳐스를 이끌며 큰 제작자가 된 이태헌의 프로듀서 데뷔작이기도 하다.

주성철 말씀하신 대로 2010년대 들어서는 〈파란만장〉을 시작으로 〈오달슬로우〉(2011), 〈청출어람〉(2012), 〈고진감래〉(2013) 등 주로 동생인 박찬경 감독과 함께 '파킹 찬스'라는 이름으로 단편 작업을 이어 오고 있다. 'PARKing CHANce'는 두 감독의 성이 박(PARK)씨이고 이름에 찬(CHAN)이라는 첫 글자가 공통적으로 들어가는 점에 착안해서, 주차장에서 Parking chance(주차 기회)를 찾는 것처럼 단편 영화나 다큐멘터리 등을 가리지 않고 틈새 프로젝트를 노린다는 의미에서 만들어진 이름이다.

박찬욱 나에게 가장 소중한 단편을 하나 꼽으라고 한다면, 파킹 찬스라는 이름으로 처음 만든 〈파란만장〉이다. 이생과 현생을 넘나드는 무속이라는, 그때까지 내가 전혀 익숙하지 않았던 새로운 세계를 동생 덕분에 알게 됐기 때문이다. 이정현과 오광록과의 작업도 정말 좋았고 또 당시로서는 아이폰으로 전체 촬영한 영화라는 의미도 있다. 베를린국제영화제에서 단편 부문 금곰상을 받았는데 안타깝게도 그때 참석하지 못했다. 심사위원장이 내가 좋아하는 사진가 낸 골딘이었다. 폐막 파티에서 오광록과 춤도 추고 그랬다던데.(웃음)

주성철 도입부에서 어어부 프로젝트의 뮤직비디오 같은 장면도 인상적이었다. 검은 갓이 날아다니는 장면도 그렇고, 역시 감독님의 다른 영화들과 사뭇 다른 느낌이었다.

<파란만장>(2010)

박찬욱 단편영화가 좋다는 게 그런 장면들 때문이다. 사실 내러티브만 생각했을 때는 어어부(백현진)가 앞에 나올 이유도 없고 맥락상 맞지 않다고 할 수도 있다. 어어부와의 인연은 <복수는 나의 것>으로 거슬러 올라간다. 그때 OST를 만들고 부른 어어부한테 신세진 것 때문에 나중에 뮤직비디오를 만들어주겠다고 해서 겸사겸사 만들어진 장면인데, 그게 또 이상하게 영화의 분위기를 한층 강화하는 신비롭고 묘한 느낌을 줬다. 갓이 날아가는 이미지는 동생의 연출이었다. 이후 아웃도어 브랜드 코오롱스포츠 40주년 필름 프로젝트로 만든 <청출어람>과 서울시가 시민들을 대상으로 시도한 크라우드 소싱 영화 프로젝트 '우리의 영화, 서울'의 완성작인 <고진감래>까지 늘 즐겁게 작업했다.

주성철 〈칭출어림〉은 박찬욱 장편영화의 가장 중요한 배우라고 할 수 있는 송강호가 출연했다는 의미도 있다. 그 또한 백발의 노인으로 등장하여 다른 장편에서 전혀 보지 못한 새로운 이미지를 선보였다.

박찬욱 단편의 매력 중에는 '짧게 일한다'는 것도 포함되는 것 같다. 작업 기간이 짧다는 것도 중요하다는 얘기다. 장편영화가 크루즈를 타고 떠나는 긴 여행 같은 것이라면, 가벼운 마음으로 모여서 며칠 짧게 작업하고 헤어지고 그런 단편 작업은 근교로 소풍을 다녀오는 기분을 준다. 〈씨네21〉 디지털 매거진 창간 기념으로 만든 〈오달슬로우〉도 마찬가지다. 오달수가 힙합을 하면서 전혀 다른 이미지를 선보이는데 진중권 선생이 우정출연하고, 강혜정을 통해서 친해진 타블로가 음악을 맡으면서 역시 즐겁게 작업했다. 또 정정훈 촬영감독이 일정이 안 될 때 그 조수들이었던 유억, 주성림 촬영감독과 일하는 것도 재미있었다. 그들로서는 나름의 데뷔작이라고 할 수도 있다. 장편이라면 그런 만남이나 새로운 시도를 할 수 없었을 것이다.

주성철 오래전 만든 〈심판〉과 최근 만든 〈청출어람〉에 똑같이 '목 없는 육체'가 보이는 것이 흥미로웠다. 〈심판〉에서는 시체 냉장고에서 시체의 목 없는 부분에 캔맥주를 넣어 시원하게 보관하고, 〈청출어람〉에서는 목 없는 불상 위에 다람쥐가 있다. 단편에서도 변함없이 발견하게 되는 박찬욱 감독 특유의 연출법인 것 같다.

박찬욱 내가 그런 걸 좀 재미있어 하는 것 같다.(웃음) 사실 굉장히 폭력적인 상황이고, 폭력적인 상황의 결과물인데, 그것을 잔인하고 끔찍하게 보지 않고 담담하게 바라보는 것이랄까. 그리고 그것을 일상과 인생의 한 부분으로 보는 것, 그런 것들이 흥미롭다고 생각한다. 〈심판〉에서 머리 부분에 여유 공간이 있으니까 맥주를 보관하기 좋고, 〈청출어람〉에서 얼굴이 없는 빈 공간이 생겨서 다람쥐가 올라가 쉬어 갈 수 있다. 어울리지 않는 것들의 결합이라 볼 수도 있을 거고.

주성철 이탈리아 패션 브랜드 에르메네질도 제냐의 의뢰로 만든 단편 〈A Rose Reborn〉에 대한 이야기도 듣고 싶다. 단순히 브랜드를 소개하는 역할에만 치우쳤던 지금까지의 광고성 패션 필름들과는 확연히 다른 느낌이 있었다. 로마국제영화제와 부산국제영화제에서 상영되기도 했을 뿐더러, 그 협업을 이끌어낸 영화사 '프레네시 필름'의 대표는 〈아이 엠 러브〉(2009)를 만든 루카 구아다니노 감독이기도 하다.

박찬욱 맞다. 흥미로운 작업이었다. 코오롱의 의뢰로 만든 〈청출어람〉도 그랬지만, 시작은 광고홍보영상이었다 하더라도 작품 내적인 부분에 대한 만족스러운 정도의 자율성이나 재량이 없다면 작업할 수 없지 않겠나. 하나같이 내 이름을 걸고 만드는 '작품'들이다. 특히 주인공을 맡았던 잭 휴스턴은 앞으로 크게 될 배우라고 생각된다. 티무어 베크맘베토프 감독이 만드는 새로운 〈벤허〉(2016)의 주인공 벤허이기도 하다. 홍콩배우 오언조와의 작업도 좋았다. 두 배우 모두 고전적인 풍모가 느껴지는 훌륭한 배우들이었다. 사실 광고성 단편이라고 생각할 수 있는 데도, 현장에서 열띤 논쟁을 벌이기도 했다. 특히 대사 한 마디를 가지고 '이건 좀 말이 안 되지 않습니까?' 그런 얘기를 주고받으며 촬영 중단을 하면서까지 잭 휴스턴과 20여 분 동안 신경전을 벌이기도 했다.(웃음) 그런 과정들이 참 재미있었고 그 두 배우와는 지금도 종종 안부를 전하며 연락을 주고받고 있다. 또 정정훈 촬영감독이 스케줄이 안 돼서 나타샤 브레이어라는 아르헨

티나 출신 여성 촬영감독과 함께 작업했는데, 체구도 작은 그 친구가 어찌나 당차게 일을 잘하던지 깜짝 놀랐다. 베를린국제영화제 금곰상을 수상했던 클라우디아 리오사 감독의 〈밀크 오브 소로우 ─ 슬픈 모유〉(2008) 촬영감독인데, 이후 데이빗 미코드 감독, 조엘 에저튼 주연의 〈더 로버〉(2014)도 촬영했고, 올해 〈아가씨〉와 함께 칸 국제영화제 경쟁부문에 초청된 니콜라스 윈딩 레픈 감독의 〈네온 데몬〉(2016) 촬영감독이기도 하다.

 ## 단편은 장편처럼, 장편은 단편처럼

주성철 동생 박찬경 감독과의 역할 분담 등 이전 혼자 작업할 때와 어떻게 다른지도 궁금하다. 그리고 파킹 찬스를 통한 작업이 박찬욱 개인에게 어떤 영향을 미쳤다고 생각하나?

박찬욱 단지 두 사람의 공동연출이어서가 아니라, 혼자 할 때와 아닐 때의 차이가 크다. 동생과 작업할 때는 많은 것을 분담하게 되는데, 일단 현장에서 즉흥적으로 하는 디테일들이 많아진다. 가령 나 혼자 작업한 단편들의 경우, 장편을 할 때와 마찬가지로 처음부터 끝까지 치밀하게 기획하고 계획을 짜서 그대로 제작하는 경우가 많았다. 말하자면 작업 기간의 차이만 있을 뿐 만드는 태도나 접근법 자체가 달라지지는 않았다. 그런데 동생과 그런 방식으로 단편을 만들면서 나 스스로의 영화 만드는 방식이 조금 변한 게 있다. 예전부터 '단편은 장편처럼 만들고, 장편은 단편처럼 만들어야 한다'는 생각을 한 적 있긴 하지만 정작 실행에 옮기지는 못했다. 그게 무슨 말이냐면, 단편을 건성으로 만드는 것이 아니라 단편이야말로 제작비도 넉넉하지 않고 환경적 제약도 많기 때문에 더 효율적으로 만들어야 한다는 것이다. 그래서 낭비 없는 계획을 짜서 보다 프로페셔널하게 만드는 마음가짐이 필요하다고 생각했다. 그리고 반대로 장편은 상업적인 부담이 크지만 거기에 짓눌리지 말고 자유롭고 부담 없이 접근하고 만들어야 한다는 태도가 중요하다고 생각했다. 그런 점에서 동생과 작업한 최근의 단편들은 장편을 만드는 내게 적지 않은 영향을 미쳤다고 할 수 있다.

주성철 〈박쥐〉(2009)로 칸국제영화제 경쟁부문에 진출한 다음 〈스토커〉(2013)로 미국에 건너 가 영화를 만들고, 다시 한국으로 돌아와 〈아가씨〉의 개봉을 기다리고 있는 현재의 기분은 어떤가? 당신으로서는 가장 긴 모색의 시간이 아니었을까 싶다.

박찬욱 〈스토커〉는 공개적으로 다 말할 수 없는 스튜디오와의 싸움 등 전반적인 과정이 다 힘들었다. 촬영부터 편집까지 너무 시달려서 불면증에 시달리기도 했다. 물론 그런 투쟁 과정에서 영화가 더 나아지는 부분도 있었다. 그렇게 나아진 부분들은 타협이라기보다는 부딪히면서 전혀 다른 제3의 결론에 다다른 거다. 스튜디오를 이긴 것도 아니고 진 것도 아니고, 하여간 충돌하지 않을 수 있는 좋은 아이디어가 뭔지 고민하는 것도 나름 공부가 됐다. 그 힘들었던 기억 때문에 한국으로 돌아가야지, 하는 생각에 〈아가씨〉를 만든 건 아니다. 언론에 보도됐던 몇몇 해외 프로젝트들이 있었는데 일단 보류 상태라고 보는 게 정확할 것이다. 돌이켜 보면, 단편 〈심판〉부터 〈아가씨〉에 이르기까지 내가 중요하게 여기는 여러 테마가 여전히 내 머릿속을 맴돌고 있다는 사실이 나 역시도 재미있다. 말씀하신 것처럼 〈심판〉과 〈공동경비구역 JSA〉는 거짓말과 의심에 관한 이야기나. 그리고 〈아가씨〉는 완전히 그것에 관한 영화라고 할 수 있다. 또 남북한 병사들이 같은 상황을 다르게 묘사했던 〈공동경비구역 JSA〉나 〈복수는 나의 것〉도 서사의 주체와 객체가 한 드라마 안에서 뒤바뀐다는 점에서 〈아가씨〉와 비슷하다. 그처럼 단편과 장편은 따로 있지 않다. 그 모든 것이 나를 이루고 있는 것 같다.

주성철 여러 영화제 심사위원 같은 걸 맡으면서, 혹시 요즘 젊은 단편 감독들의 경향이 어떻게 변해 가고 있다고 느끼는 점들이 있나?

박찬욱 지난 몇 년간 잘 챙겨보지 못해서 뭐라 딱 잡아 말하긴 힘든데, 디지털 작업이 보편화되면서 기술적인 오류 같은 게 없고 다 매끈하게 잘 찍어낸다는 사실이 놀랍고 부럽기도 하다. 또 디지털 시대로 접어들면서 필름 비용에 대한 부담이 없다 보니 단편이 좀 길어진다는 우려도 있다. 뭐랄까, 분명히 장편의 이야기는 아닌데 괜히 길어지고 늘어진다고 해야 하나. 그런 느낌을 주는 작품들이 많았다. 그럴 때는 심사하는 입장에서 안타깝다. 물론 창작자 입장에서는 그럴 수밖에 없는 그 마음이 이해가 되기도 한다. 그래서 더 좀 안타깝기도 하고.

주성철 한국영화아카데미에서는 3D 영화 프로젝트도 진행하고 있다. 그래서 완성된 3D 단편들을 옴니버스 영화로 엮어 극장 개봉도 하고 있다. 그에 대한 생각은 어떤가? 실제로 감독님도 참여하려고 계획했던 것으로 안다.

박찬욱 맞다, 참여하지 못해 좀 아쉽다. 최익환 전 원장이 있을 때 한지승, 김태용, 류승완 감독이 함께 〈신촌좀비만화〉(2014)를 만들었는데,

짧은 영화, 긴 이야기

그때 내가 먼저 참여하고 싶다는 의사를 밝히기도 했었다. 그런데 다른 작업 때문에 도저히 시간을 낼 수가 없어서 나중에 빠지게 될 때는 너무 미안했다. 애초에 〈아가씨〉도 3D로 만들려고 했었다. 1장에서 2장으로 넘어갈 때 서사의 주체가 숙희(김태리)에서 히데코(김민희)로 변하는, 그 등장인물 간의 시선 연출 때문이었다. 이런 성격의 이야기를 3D입체영화로 만든다면 입체값을 변경해 인물 간의 거리감을 가까웠다가 멀어지게 조절할 수 있다. 아무튼 언제든 기회만 된다면 꼭 3D 단편을 만들어보고 싶다.

주성철 단편영화를 지금 만들고자 하는, 그리고 이제 단편영화 그 이상의 세계로 나아가려는 후배 감독들에게 들려주고 싶은 이야기가 있나?

박찬욱 먼저 단편을 가볍게 생각하지 말라는 이야기를 하고 싶다. 상영 시간이 짧은 만큼 아주 응축된 에너지를 가져야 되고, 한 프레임도 지루할 틈이 없는 그런 영화를 만들겠다는 각오를 갖고 시작해야 한다. 그리고 사적인 작업이라 할지라도, 대충 하지 말고 기획 단계부터 프리 프로덕션을 지나 촬영에 이르기까지 프로답게 일을 해보라고 말하고 싶다. 물론 영화는 지극히 사적인 내용이어도 좋고 내러티브가 없는 실험영화여도 좋은데, 어쨌건 일을 하는 자세만큼은 그래야 한다는 얘기다. 왜냐하면 세월이 흘러서 돌이켜 봤을 때, 그것은 어떤 식으로든 변명할 수 없는 그 사람의 데뷔작으로 영영 남을 수도 있는 거다.

주성철 아까 말씀하셨던 것처럼 최근 단편영화들의 상영 시간이 치밀한 계획 없이 길어지는 경향이 있고, 또 디지털 장비의 경량화로 인해 로케이션 촬영의 부담이 줄어들면서 로케이션 촬영의 퀄리티가 떨어지는 경우를 종종 볼 수 있다. 그런 점에서 아주 유용한 충고라고 생각한다.

박찬욱 감독(좌),
주성철 <씨네21> 편집장(우)

박찬욱 단편을 만들 때는 '나도 이런 걸 찍을 수 있어'라는 생각으로 남에게 뭔가 보여주고픈 욕구를 제어하기가 힘들 것이다. 특히 요즘에는 이른바 '인스타그램룩'이라는 게 유행이더라.(웃음) 그런데 나중에 시간이 얼마 지나고 보면 스스로 부끄러워질지도 모른다. 촬영이든 뭐 다른 것이든 어디서 본 것을 따라 하려고 해서는 안 된다. 단편일수록 자신의 스타일이 오히려 더 잘 드러난다는 것을 잊으면 안 된다. 단편도 장편처럼 필모그래피의 한 자리를 차지하고 오래오래 남을 것이다. 그러니 매 순간 진지하고 엄격하게 돌아봐야 한다.

짧은 영화, 긴 이야기

· 박찬욱 감독 단편 필모그래피

〈심판〉(1999)

〈여섯 개의 시선〉(2003) 중 〈믿거나 말거나, 찬드라의 경우〉

〈쓰리, 몬스터〉(2004) 중 〈컷〉

〈파란만장〉(2010)

〈오달슬로우〉(2011)

〈청출어람〉(2012)

〈고진감래〉(2013)

〈A Rose Reborn〉(2014)

· 인터뷰어 _ 주성철 (《씨네21》 편집장)

영화 잡지 〈키노〉와 〈필름2.0〉에서 일했다. 저서로는 『홍콩에 두 번째 가게 된다면』, 『그 시절 우리가 사랑했던 장국영』, 『우리시대 영화장인』, 『데뷔의 순간』 등이 있다.

내가 만들려는 영화를 위해 싸워야만 한다

- 류승완 감독 인터뷰

김성욱(영화평론가)

류승완 감독과 만나 이야기를 나눴다. 15주년을 맞은 미쟝센 단편영화제에 처음부터 참여한 주역 중의 한명으로, 액션 부문의 심사위원으로, 무엇보다 장편이 아닌 단편영화 감독의 자격으로 그를 만났다. '단편영화가 완전히 다른 시간체험'이라 말하는 그에게서 90년대 단편영화의 붐부터 시작해 자신의 개인적인 경험, 그리고 최근 단편영화들의 경향들에 대한 생각들을 들었다. 그는 자신이 만들고자 하는 영화를 위해 여전히 싸워야만 하고, 이를 성취하기 위해서는 감독들에게 견디는 맷집이 필요하다고 말한다.

 ## 단편은 완전히 다른 시간 체험이다

김성욱 누구나 단편부터 시작한다지만, 요즘은 감독이 되려는 사람들에게 단편 작업이 필수적 과정인가에 대해 의문이 들기도 한다. 내 세대만 하더라도 단편이라는 걸 잘 모르면서 성장했고, 보는 영화들 대부분이 장편이었다. 물론, 90년대 후반부터 단편영화를 상영하는 영화제들이 생기면서 단편영화가 하나의 필수적 과정처럼 감독들에게도 비치기는 했다. 하지만, 최근의 디지털 환경에서라면 장편을 만드는 것이 전보다는 손쉬운 일이 됐다. 장편을 만들기 위해서 단편 작업을 필수적으로 거쳐야 하는 것인가에 대해서 어떤 생각을 갖고 있는지 먼저 궁금하다.

류승완 영화, 혹은 영화미학이라는 것이 기술 환경과 밀접하게 연결되어 있다고 생각한다. 최초의 영화는 한 컷이었다. 게다가 그리피스가 등장하기 전까지는 영화는 단편이었다. 시간상으로 말하자면 한 시간 미만의 영화들이다. 그러나 과연 예전의 사람들이 장편의 드라마를 보기 싫어서 그랬을까? 그건 아니었던 것 같다. 기술 자체가 그걸 해결할 수 있었던 것이 아니었기 때문이라 생각한다. 결국엔 그리피스 등장 이후에 모든 환경이 확 바뀌어 버렸다. 시간뿐만 아니라 사운드, 나중엔 컬러, 입체 뭐 이런 환경들의 변화가 있었다. 단편에 대한 인식이 초창기와 고전기, 현대로 오면서 완전히 달라졌다. 지금 21세기 디지털 시대에는 말씀하신 것처럼 스마트폰으로도 영화를 찍을 수 있다. 실제로 스마트폰으로 장편영화를 찍는 감독들도 나타나고 있다. 그러니까 이제 단편과 장편이란, 선택의 문제가 되었다. 그리고 지난 세기만 해도 필름으로 작업했었기 때문에, 필름으로 작업한다는 것이 돈이 들어가는 일이고, 너무 번잡한 과정들이 있고 아마추어가 장편을 만든다는 것은 너무 힘든 일이었다. 그러나 지금은 상대적으로 그런 일이 쉬워졌다. 영화제에 나오는 다큐멘터리들의 시간을 보면 알 수 있다. 점점 길어지고 있다. 그런데 반대로 그렇기 때문에 단편이 단편다운 것, 장편과는 다른 미학적인 지점이나 이야기가 무엇인지 차별화되는 것이 무엇인지가 중요해졌다고 생각한다. '미쟝센 영화제'를 중심으로 이야기하자면, 갈수록 감독들이 장편을 가기 위한 과정이나 프로듀서나 배우들에게 보여줘야 하는 자기 포트폴리오 같은 식의 작품을 만드는 경향이 있지 않나 생각한다. 실제로 단편을 만들어 수익을 재창출하는 과정이 거의 없기 때문에 그렇기도 하다. 물론, 지금은 그래도 많이 좋아진 편이다. 포털 사이트에서 단편영화 상영하면서 수익금이 들어오기도 하고, IPTV를 통해 수익구조가 생기기도 한다. 그럼에도 불구하고 영화 한 편을 찍는 데 들이는 제작비에 비해서 수익구조가 돌아오는 것이 너무 힘들다 보니 단편만 가지고 단편영화계에서 전문적인 그룹이 나타나는 것은 대단히 힘든 일이다. 그리고 나만 해도 어려서부터 영화는 장편으로 보았기에, 단편영화를 본다는 게 아주 고급스러운 취향으로 생각되는 점도 있다. 미쟝센 영화제에서도 관객들 대부분이 영화와 관련된 사람들이다. 영화 만드는 스태프들, 친구들, 친척들 이런 사람들이 많다. 예전에는 단편영화를 정의하는 용어들이 많았다. 소형영화라던가 하는 식으로. 하지만 시간으로 단편영화를 규정한다면 단편영화가 앞으로도 엄청난 대중성을 지니기에는 힘들 것이라 생각한다. 그럼에도 불구하고 단편영화가 존재해야 하는 이유는 분명히 있다고 생각한다. 완전히 다른 것을 보여줄 수 있으니깐. 소설은 그런 것들이 많지 않은가. 짧은 에피소드 하나로 굉장히 재미있는 이야기를 여전히 만들어낼 수 있다.

김성욱 기술적인 변화에 따른 작업 방식의 변화에 덧붙여 말하자면, 감독님은 고등학생 때는 8mm로 찍고, 성인이 돼서는 16mm를, 이어서는 35mm 영화와 디지털 영화를 만들었다. 특별한 경우다. 예전의 어느 인터뷰에서 말했듯이 〈죽거나 혹은 나쁘거나〉(2000)도 원래는 단편이 아니라 장편으로 구상했던 것으로 알고 있다.

류승완 원래는 장편 시나리오 구조였다. 이걸 한 번에 만들기 어려웠기 때문에, 그래서 이야기를 쪼갰었다. 등장인물들을 나눠서 그렇게 하

나하나 조각내서 만들었는데 그게 짐 자무쉬의 〈천국보다 낯선〉(1984)의 영향이 컸다. 그런 식으로 완성한 사례다. 그리고 로드리게즈의 〈엘 마리아치〉(1992), 한국에서는 〈파업전야〉(1990) 혹은 〈오! 꿈의 나라〉(1989)처럼 16m로 장편을 만든 케이스들도 당시에는 있었다. 하지만, 나의 경우에는 전체 이야기를 15분에서 20분 단위로 끊어서 하나로 완성해 놓고, 영화제에서 틀고 거기서 상금을 받으면 다음 것을 만드는 것, 그것이 전략이었다.

김성욱 15분 정도면 상영 시간이 한 릴 정도에 가깝다. 단편 작업을 할 때 그런 물리적인 릴에 대한 생각을 했었나?

류승완 35㎜는 한 릴이지만, 16㎜는 전체 통으로 릴 2개면 되었다. 릴에 대한 생각보다는 제작비가 없으니 에피소드 하나 완성하고, 그 다음에는 일을 해서 돈을 벌어서 다음 작품의 제작비를 구하는 것이 전략이었다. 그런데 그렇게 단편을 만들고 나서 다음 장편을 만들어보니 영화를 대하는 느낌이 또 다르더라. 지금 디지털 작업은 예전에 릴로 작업할 때와도 또 다르다. 단편에 대한 이야기를 다시 하자면, 영화의 시간에 대해 생각을 하지 않을 수 없다. 나는 시간이 흐르면 흐를수록 영화라는 매체가 결국 시간을 다루는 예술이라고 생각한다. 그런데, 단편들을 보다 보면 빛나는 단편을 찍었던 감독이 장편

영화를 만들었는데 이상하게 나오는 경우들이 있다. 결국 단편과
장편은 다른 개념인 것 같다. 시간을 다루는 방식이 완전히 달라서,
실제로 사람이 만드는 과정에서 물리적으로 만드는 사람의 육체나
정신 자체가 다를 수밖에 없다. 단편 만들 때는 10회 안쪽으로 확
에너지를 모아서 해낸다. 같은 육상경기라 해도 100미터 달리기하고
마라톤하고는 완전히 다르지 않은가. 보는 사람도 다르지만 만드는
사람도 장편과 단편은 완전히 다른 시간적 체험이다.

 ## 90년대 단편영화 붐에 대한 기억들

김성욱 앞서 말한 90년대 후반에는 일종의 단편영화 붐이 있었다. 삼성영상
사업단이 만든 '서울단편영화제'(1994~97년 네 차례에 걸쳐 단편영
화제가 개최됐다)가 있었다.

류승완 삼성영상 사업단에서 단편영화제를 했고, 부산국제영화제에서 '와이
드앵글' 단편영화부문이 그런 단편영화 붐을 만들어냈다. 영화과의
작품들, 영화아카데미 작품들이 소개되기도 했다. 당시 기억하는
게 35㎜로 만든 완성도 높은 단편들도 있었고, 끌레르몽—페랑 단편
영화제에서 한국 단편들이 상을 받고 그랬었다. 마치 무슨 기술 경
연대회 나가서 금메달 딴 것처럼 보도가 되곤 했었다.(웃음)

김성욱 그때 화제가 됐던 작품들 중에 봉준호 감독의 〈지리멸렬〉(1994)이
나 장준환 감독의 〈2001 이매진〉(1994) 같은 작품들이 있었다.

류승완 근데 〈지리멸렬〉하고 〈2001 이매진〉은 내 기억으로는 영화제에서는

그렇게 뜨거운 반응을 얻었던 작품은 아니었다.

김성욱 주로 비디오로 돌려보던 작품들이었다.

류승완 그게 '이상한 영화'라는 제목의 영화아카데미 졸업 작품들을 모은 비디오였다('이상한 영화'라는 비디오에는 〈지리멸렬〉, 〈호모 비디오 쿠스〉, 〈2001 이매진〉, 〈창수의 취업시대〉, 〈고철을 위하여〉, 〈잠시 멈춰 서서〉 등의 단편이 수록되었다). 그때 사실 제일 뜨거웠던 단편영화가 송일곤 감독의 〈소풍〉(1999)이었다. 이 영화가 칸영화제에서 심사위원 대상을 수상했다. 아직도 기억하는 게, 장편으로 〈죽거나 혹은 나쁘거나〉를 완성시킬 수 있었던 결정적인 계기가 1999년 한국단편영화제(지금의 서울독립영화제)에서 〈현대인〉(1999)이 수상하면서인데, 그해 송일곤 감독의 〈소풍〉이 같이 나왔었다. 그때 송일곤 감독이 자기가 칸에서 큰 상을 받았기 때문에 국내영화제에서 상영은 하지만 수상 명단에서는 빠지겠다고 했다. 그게 아니었으면 그때 상도 못 받았을 것이다. 그리고 정지우 감독의 〈사로〉(1994)와 〈생강〉(1996), 특히 〈생강〉이 유명했던 것이 동시녹음 때문이었다. 90년대만 해도 한국 영화에서 전체를 동시녹음했던 작품 중에 깔끔한 작품이 많지 않았다. 근데 〈생강〉의 사운드가 너무너무 생생했었다. 그게 아직도 기억이 난다. 〈생강〉이 서울단편영화제에서 최우수상을 받았던 것으로 기억한다. 송일곤 감독의 〈소풍〉이 35㎜ 단편이었다. 전에는 주로 16㎜ 단편들이었는데, 송일곤 감독이 폴란드 우츠 영화학교에서 만든 〈간과 감자〉(이 영화는 1997년 서울단편영화제에서 최우수 작품상을 받았다)도 35㎜로 완성도 높게 촬영한 영화로, 충격을 받았었다. 주류 영화계에서 못 보던 촬영 방식과 조명이 단편영화에서 나오니까, 그때만 해도 영화 촬영 현장에서 쓰던 장비들이 광고 현장에서 쓰던 장비들보다 좋지 않았으니, 도리어 단편영화에서 시각적으로 뛰어난 작품들을 볼 수 있었던 것이다. 그리고 90년대에는 다들 전철타면 〈씨네21〉이나 〈키노〉같은 영화 잡지를 끼고 다니고, 문화학교 서울 같은 곳으로 영화 보러 가고 그랬으니. 그때 왜 그렇게 단편영화를 보러 다녔는지 모르겠다.(웃음) 정윤철 감독, 뭐 이런 양반들이 영화제 슈퍼스타이기도 했었다.

김성욱 1999년이 단편영화에는 꽤 상징적인 시기였다. 송일곤 감독 외에도 김진한 감독의 〈햇빛 자르는 아이〉(1996)가 클레르몽-페랑 영화제에서 최우수 창작상을 수상했다. 그 무렵 서울에서 열리는 영화제로는 도리어 단편영화제가 규모가 컸던 편이기도 했다.

류승완 근데 그때 세 번이나 단편영화제에 출품했다 떨어졌던 터라.(웃음) 김기영 감독님이 2회 때인가 단편영화제 심사위원장이었는데. 그때 영화 만들겠다는 사람들이 다 시티극장에서 모였는데, 나는 그때 예선 탈락해서.

김성욱 예선 탈락했던 작품이?

류승완 〈변질헤드〉(1996)라는 비운의 걸작이다.

김성욱 〈변질헤드〉는 지난해 미쟝센 영화제에서 단편 특별전 할 때에도 상영을 안 했던 작품이다. 지금은 작품이 남아 있지 않은 것인지, 아니면 지우고 싶은 작품인가?

류승완 집에 작품이 있긴 한데, 프린트 상태가 좋지 않아서.

김성욱 〈변질헤드〉는 본 사람들이 별로 없던데.

류승완 본 사람들의 기억 속에서 그 영화 계속 괜찮은 영화로 남아 있을 것이다.(웃음) 실체가 확인되지 않는 게 좋겠다.(웃음) 보관을 잘못해서 프린트 상태가 아마 굉장히 안 좋을 것이다. 프린트가 있긴 한데, 그걸 틀게 되면 사람들이 지금은 어떻게 생각할지 모르겠다.

김성욱 그 작품이 상영이 되긴 했었다. 인디포럼이던가?

류승완 인디포럼에서 상영했었다. 인디포럼 1회 때였던 것으로 기억한다.

김성욱 그럼 공식적으로 첫 단편이 〈변질헤드〉인가?

류승완 그렇다. 공식적으로 사람들에게 공개한 작품이 그렇다. 그 전에 VHS로 만든 작품이나 8㎜로 만든 작품이 있었다. 워크숍에서 만든 영화들을 빼면 온전히 내 이름으로 공개한 첫 작품이 〈변질헤드〉이다.

김성욱 영화제에서 상영했을 때 반응들을 기억하나?

류승완 그때 제일 처음 틀었던 영화제가, 무슨 발표회였다. 열 몇 명이 옹기종기 모여 앉아서 봤다. 그 영화 꽤 이상한 작품이다. 그때 박찬욱 감독님이랑 이훈 감독님이 오셨었다. 존 부어맨의 〈딜리버런스〉(1972) 같은 분위기의 영화다. 산속 약수터에 물 뜨러 갔던 사람이 어떤 사이코 두 명에게 쫓기는 이야기다. 한 명은 예비군복 입은 극우 사이코이고 다른 한 명은 기독교 광신도이다. 둘이 산속에 들어온 사람을 테러하고 찬송가 부르고, 애국가 부르라고 그러고. 쫓고 쫓기다가 쫓기던 사람이 그 둘을 실수로 다 죽여 버리고 피투성이가 되어서 벌어지는 이야기다. 돌아가신 이훈 감독님은 워낙 B무비 광신도라, 영화가 별로였을 텐데도 "아 그냥 막 죽여"라고 하시면서 좋아했고, 박찬욱 감독도 재미있다고 했었다. 낄낄거리고 그랬다. 이무영

감독이 기독교 광신도로 나오고 심상욱 선배라고 '뉴즈에로스'라는 메탈 밴드 리더인데, 그분이 극우파 극단주의자로 나온다. 그때는 정말 재미있게 찍었다. 촬영은 장준환 감독이 했다. 그때는 걸작을 만드는 줄 알았다. "와, 내가 이런 영화를 만들다니" 이런 식이었다.

김성욱 러닝타임이 어느 정도 되는 영화였나?

류승완 18분 정도? 박찬욱 감독이 시나리오를 좋아해서 '영화마을'에 내 손을 잡고 가서 "얘 시나리오 진짜 재밌는데"라며 영화마을에서 제작 지원 좀 해 달라고 했는데 잘 안됐다. 그때 강혜정 대표하고 연애할 때인데, 결혼하려고 모았던 적금통장을 깨서 영화를 만들었다.

김성욱 영화평론가(좌), 류승완 감독(우)

김성욱 어쨌든 단편 작업을 통해서, 영화제에서 작품이 상영되면서 사람들과 만나고 기회를 얻기도 했다. 하지만, 김지운 감독이나 박찬욱 감독 같은 경우 원래 단편으로 출발한 감독들이 아니다. 장편을 하고 나서 반대로 단편 작업을 시작했다. 마찬가지로, 감독님 또한 단편에서 출발했다고는 말하지만, 사실 그들처럼 처음부터 장편을 생각했던 것이 아니었나?

류승완 그렇다. 그때 나는 모두와 한 발을 걸치고 있었지만 어디에도 속하지 않은 사람이었다. 연출부 생활을 이미 하고 있을 때였다. 소위 충무로 영화인이면서 한편으로는 시작은 독립영화협의회 워크숍 출신이기도 하다. 물론 완전 인디 쪽은 아니었다. 그럴 수밖에 없던 것이 생활고가 있었다. 데뷔하고 나서도 그렇지만 생계를 유지해야 한다는 것이 절박했던 시절이다. 사람들과 친분 관계를 쌓는 것이 대부분 술자리인데, 당시엔 술자리에 참석할 시간이 없었다. 그때는 저녁에 일찍 자고 아침에 일하러 가야 했다. 사실 현장에서 일하면서 쌓은 친분 관계 말고는 인디포럼 작가회의에 가서도 끝나고 뒤풀이를 가지 못했다. 다음날 일하러 가야 했다. 그래서 보면 아는 사람은 아는데, 누구하고도 그렇게 친하게 지내기 어려웠다. 인디 쪽 진영에서는 족보가 없는 거다. 영화학교 출신도 아니고, 그렇다고 제대로 된 영화제 어디에서 영화제 동기가 있는 것도 아니었다. 그때는 박찬욱 감독도 지금의 박찬욱 감독이 아닐 때라 그 누구 밑에 있다고 말할 처지도 아니었다.(웃음) 박찬욱 감독 외에는 그렇게 막 친하게 지낸 영화인도 별로 없었다. 영화과 출신들은 영화제에서도 서로 알고 지내는데, 그런 자리에 가기가 뭐했다. 그 때문인지 지금도 미장센 영화제 심사위원하면 심정적으로 진짜 독립적으로 만든 감독들에게 약간 점수가 더 가긴 한다. 너무 고독하고 힘들게 만든 게 눈에 선하니깐.

기존 장르를 뒤트는 영화들과 만나고 싶다

김성욱 요즘 단편영화를 볼 때, 그런 친구들과 영화과 학생들의 작품 간에 어떤 차이를 느끼나?

류승완 완성도의 차이가 어쩔 수 없이 있다. 일단 배우들 캐스팅에서 다르다. 아카데미 같은 경우는 아카데미가 매니지먼트랑 옛날부터 극단들과의 협업이 있어서인지 좋은 배우들이 등장한다. 기존에 연극학과가 있는 학교의 경우도 그렇다. 고등학교 3학년 때 친구들과 만들었던 영화가 영화제에 나갔던 적이 있다. 그 작품은 내 친구가 연출한 영화였는데 그때 양윤호 감독이 연출한 〈가변차선〉(1992)이라는 영화가 나왔었다. 그 영화에 박신양 씨가 출연했었다. 그 작품을 보고 다들 놀랐었다. 지금도 미쟝센이나 서독제에서 하는 단편영화들을 꼼꼼히 챙겨 보고 있다. 이를테면 지난해 개봉했던 〈베테랑〉(2014)에 나온 박소담이나 엄태구나 오대환 이런 배우들은 미쟝센 영화제에서 봤던 얼굴들이다. 하지만, 이런 배우들을 캐스팅하는 것이 학교 바깥이라면 쉽지 않다. 그리고 영화라는 것이 아무래도 공동작업이다 보니 이게 얼마나 많은 좋은 재능들을 서로 뽑아먹느냐의 싸움이다. 바깥에서 만들면 평소에 쌓여 왔던 관계에서 발견하는 재능들을 갖고 조율하는 거라, 돈을 모아서 팀을 꾸려서 체계적으로 만드는 것과는 확실히 다를 수밖에 없다. 학교에서 만든 작품들의 경우는 장비도 다르다. 이를 무시할 수 없다. 요즘이야 디지털로 하니까 편집을 컴퓨터로 한다지만, 그래도 학교에서 세팅된 장비들을 잘 만지는 친구들이랑 하는 건 완전히 다르다. 미쟝센 영화제 심사를 오래 하다 보니 감독의 지도교수가 누구인지가 보이기도 한다.

영화를 만드는 사람들은 결국 돈 가진 사람들하고 막 싸우기도 하고 스타 배우들과도 싸워야 하는데, 물론 싸운다는 것이 의견을 조율하고 그러는 것인데, 학교에서 만들어진 영화들은 한 사람의 개성보다는 마치 어떤 학풍처럼 느껴질 때가 있다. 나는 학교를 다녀본 적이 없어서 그게 좋다거나 나쁘다거나 그런 식으로 생각하는 것은 아니지만, 그런 경향들이 보일 때가 있다. 물론 이는 영화과에서 만들어진 영화들의 기술적인 완성도가 안정화되고 난 이후의 경향이다. 2000년대 후반부터 시작해서, 2010년 이후에 그런 경향이 뚜렷해진 것 같다. 영화과에 진학하는 학생들도 어떤 영화를 만든다는 행위를 직업적으로 인지하는 경향이 있다. 이건 좀 조심스런 문제라 생각한다. 나는 예술영화와 상업영화를 잘 구분 안 하는 편이다. 사람들이 많이 보는 영화에도 예술적인 가치가 있고, 예술영화관에서 상영하는 영화들에도 상업적으로 만들려고 노력한 작품들도 있다. 이를테면 마틴 스콜세지 같은 경우도 자기 영화에 관객 안 드는 것 때문에 거의 막 돌아버리려고 한다는데.(웃음)

김성욱 켄 로치 감독도 자신의 영화를 예술영화관에서 상영하는 것을 좋아하지 않는다고 한다. 사람들이 많이 찾는 멀티플렉스에 영화가 걸리기를 원한다고.

류승완 관객이 많이 든다고 해서 예술성이 떨어지고, 소규모의 지지자들만 있다고 해서 그게 뛰어난 예술영화라고 생각하지는 않는다. 단편영화에서는 그런 착시가 좀 있는 것 같다. 단편영화가 태생적으로 상업적인 성공을 거둘 수 없는 그런 범주에 있기 때문이 아닐까 생각한다. 그러다 보니 단편영화들이 모두 예술적인 가치가 있을 것이라고 생각하는데, 난 그렇게 생각하지는 않는다. 단편영화를 자기 포트폴리오로 만들어서 그걸 확장판으로 만들고 싶어 하는 일종의 뽐내기 경연대회처럼 생각하는 사람들이 있다. 반대로 단편 그 자체의 미학을 성취하려는 사람들도 있다. 그런데 최근의 경우는 미국처럼 되어 가는 것 같다. 뉴욕대 졸업 작품전 하면 스튜디오 간부들이 와서 보고, 거기에서 눈에 띈 작가들이 스튜디오와 계약하는 그런 오랜 역사가 있지 않은가? 이건 영화가 산업화가 되면서 생긴 어쩔 수 없는 경향 같기도 하다. 80년대에서 90년대까지는 영화를 통해서 정치적인 발언도 해야 하고, 아니면 뭐 사회적인 문제나 이런 것들을 이야기해야만 한다는 생각들이 있었다. 지금은 인터넷에서 그런 문제들에 대해 말하다 보니, 내가 확대해석하는지는 모르겠지만, 미쟝센에서 상영되는 영화들이 그런 문제를 다루는 것이 적은 편이다. 미쟝센 영화제가 장르영화의 기치를 걸고 있기에 그런지는 모르겠지만 '이런 장르를 내가 안정적으로 다룰 수 있어'라는 것을 보여주는 영화들이 많고 기존의 장르를 뒤트는 영화들이 드물다. 오히려 보수적이 되어 간다고 할까, 그런 느낌을 살짝 받는다.

김성욱 미쟝센 영화제에 참여한 게 언제부터였나?

류승완 처음 만들 때부터 같이했으니까, 2001년인가 2002년 무렵이다.

김성욱 올해가 15주년이 되는 해이다. 어떻게 시작하게 됐나?

류승완 지금은 한국의 장르영화들이 자리를 잡은 듯이 보이지만, 사실 지금도 한국에서 만들어지는 장르영화들은 한정된 장르들만 다루고 있다. 90년대까지만 해도 한국의 주류 장르영화는 로맨틱 코미디와 멜로영화였다. 뭔가 센 영화를 다루는 게 힘들었다. 90년대 후반에서 2000년대 들어서면서 주류영화에서도 뭔가 센 장르 영화들을 만드는 경향이 나왔다. 나 데뷔할 때만 해도 액션 영화가 주류 장르는 아니었다. 〈쉬리〉(1999)가 나왔을 때 '우와' 하고 감탄할 때였으니. 〈조용한 가족〉(1998)처럼 호러와 코미디를 섞은, 미국 영화에서나 보던 감성들이 나오던 때다. 영화제에서 상영되는 영화들이 주로 우울한 사회 현상에 대해서 이야기한다는 영화제용 영화에 대한 인식이 있었다. 노인과 아이와 장애우가 나오는 영화들, 분명히 어떤 장르영화를 만들고 싶은, 장편으로 바로 진입하기는 너무 힘들고 단편으로 자신의 장르적인 취향을 드러내고 싶은 친구들이 많이 있을 텐데, 라는 생각들이 있었고, 그런 영화가 영화제에서 상영될 기회가 너무 제한되어 있었던 거다. 기회가 있다면 부천영화제 정도였을 텐데, 그때 이현승 감독이 "우리가 그러면 후배들을 위해 그런 판을 만들어보자"는 말을 했었고, 그런 장르 단편영화를 상영하는 영화제를 만들게 된 거다. 진짜 장르영화들을 틀 수 있는 그런 영화제를 만들어보자는 생각이었다. 이현승 감독이 제안했고, 그때 모였던 감독들이 다 장르영화를 좋아했던 감독들이었다. 그때 모였던 멤버들 중에 액션영화를 좋아하고 만들었던 사람은 나와 김성수 감독님 밖에 없었다.

김성욱 액션 부문의 경우 지난 몇 년간 어떤 변화가 있었다고 생각하나?

류승완 매년 꼬박꼬박 작품들을 챙겨본다. '4만번의 구타'라고 지어진 섹션은 그런데 해마다 들쑥날쑥하다. 액션이라는 게 테크닉을 요하기 때문이다. 그래서 좋은 액션 단편을 만나기가 진짜 힘들다.

김성욱 테크닉이라고 하면, 액션을 연기하는 배우들의 훈련된 몸의 특성들을 말하는 것인가?

류승완 몸도 그렇지만, 액션이 사실 아시아 영화의 경우엔 소위 다찌마리를 그냥 액션영화라고 부르는데, 사실 춤을 추는 것도 액션이고, 달리기하는 것도 액션이고, 사람이 그냥 걷는 것도 액션이다. 그냥 육체가 충돌하는 것만을 액션으로 이야기하는 게 아니다. 그래서 오히려, 다른 섹션에서 액션을 뛰어나게 찍은 영화들이 보이기도 한다. 실제로 예심 과정에서 장르가 옮겨지기도 한다. 처음에 작품들의 장르를 구분할 때에도 되게 싸웠었다.

김성욱 미쟝센 영화제가 표방한 장르의 구분이란 게 사실 쉽지 않다.

류승완 액션 스릴러도 있고 코믹 액션도 있으니. 사실 미쟝센 영화제를 하면서 의미 있다고 생각했던 것이 이 영화제에서 그런 영화들을 만날 수 있었다는 것이다. 지민호 감독의 〈편대단편〉(2004)이라는 영화가 있는데, 이게 SF영화다. 감독이 십수 년 동안 골방에 틀어박혀서 만든 영화다. 주류 영화계에서도 볼 수 없는 장르를 단편에서 만든 작품이라 특별상도 주었던 기억이 있다. 하지만, 지금은 기존 주류 영화계의 기술적 완성도가 높아져서 단편에서 다른 시도를 보여주는 것을 기술적으로 접근하는 데에는 한계가 있다. 그럼 뭔가 다른 시도를 해야 하는데, 그걸 보기가 힘들다. 예전 '절대악몽' 섹션에서 상영한 〈사춘기〉(2002)라는 흑백으로 촬영한 공포영화가 있는데, 이 촬영을 이모개 촬영감독이 했다. 촬영을 너무 아름답게 하면서 정서를 뽑아내는, 주류 영화계에서 잘 접근하지 않는 방식으로 다룬 영화다. 그 때문에 김지운 감독이 〈장화, 홍련〉(2003)을 촬영할 때 이모개 촬영감독을 픽업하기도 했다. 액션의 경우에는, 단편을 보면서 '저거 액션 좀 찍었네!' 하는 영화들을 보면 대부분 무술감독이 액션스쿨 사람이더라. 완전히 새로운 모양새를 보여주는 영화를 찾기는 어렵다. 여전히 완성도가 높은 영화들은 대부분 '비정성시' 부문이다. 드라마적 완성도가 높고 각본이 좋다. '절대악몽' 부문에서 나왔던 〈남매의 집〉 같은 영화를 보고 깜짝 놀랐는데, 액션 장르에서는 그렇게 막 살 떨리는 영화를 만나는 일이 최근에는 드문 일이다.

김성욱 단편의 액션 장면을 류승완 영화의 (전문적으로 준비된) 액션처럼 만드는 것은 처음부터 불가능한 일이다.

류승완 그건 좋은 방법이 아니기도 하다. 오히려, 나도 지나서 생각해보면 데뷔작을 만들 때 (액션이 아니라) 청춘에 대한 영화를 찍는다는 생각이 있었던 것 같다. 사실, 그 시기를 관통하고 있는 친구들이 제일 뜨겁게 찍을 수 있는 영화들이 여전히 있기 마련이다. 예를 들어 멜로드라마를 보면 지금 20대들이 겪는 남녀관계들의 생생한 것들이 나오고 있다. 액션 장르에 국한해서가 아니라 전 장르를 거쳐서 그 영화를 만들고 있는 당사자들의 지금 느끼는 것들이 잘 살아난 작품들을 보고 싶다. 그건 테크닉의 문제가 아니다. 테크닉이 떨어져도 좋으니 더 생짜의 느낌이 있는 영화를 보고 싶다. 나는 그런 작품들이 훨씬 더 위협적인 영화라 생각한다. 〈파수꾼〉(2011)이나 〈무산일기〉(2011), 〈똥파리〉(2009) 같은 이런 영화들을 보면 그런 에너지가 느껴진다. 최근에는, 단편의 완성도들이 높아지니, 도리어 개성이 넘치는 작품을 발견하기가 어렵다. 최근에 본 단편들 중, 그 질문에 충실하게 대답하자면 액션 장르에서 아주 놀랍게 본 영화는 별로 없는 것 같다. 다른 장르에서 그런 작품들을 발견했던 적은 있다.

김성욱 감독님이 만든 단편영화에 대해 말해보고 싶다. 인권영화로 만든 단편의 경우 하나의 에피소드이다. 이 에피소드는 이렇게 떠올리게 됐나?

류승완 그 단편의 제목이 〈남자니까 아시잖아요〉(2005)이다. 그때 〈주먹이 운다〉(2005)를 작업하고 있을 때였다. 취재 중에 취재원 한 명이 실제로 복싱을 했던 친구인데 그 친구 말버릇이 "남자니까 아시잖아요"라는 말이었다. 그걸 되게 재밌다 여겼었다.

김성욱 술 마시면서 했던 말들인가?

류승완 아니, 술에 안 취해도 그런 말을 자주 했다. 그 친구가 마초인데 "형님도 남자니까 아시잖아요" 이런 식으로 말을 하곤 했다. 요즘 표현으로 보자면 '개저씨'의 극단적 모습을 그냥 그렇게 보여주면 재밌겠다는 생각을 했다. 테크닉 면에서 보자면 영화 전체를 한 테이크로 만들고 싶었다. 실제로는 두 컷으로 이루어져 있는데, 인물들의 블로킹을 잘 만들어서 제한된 공간에서 한 컷짜리 영화를 한번 만들어보고 싶었다. 그 두 가지가 붙은 거다. 인권에 대한 이야기가 대체로 피해자들에 대한 이야기가 주를 이루는데, 이번에는 오히려 가해자의 이야기를 하면 어떨까라는 생각을 했다. 형식적인 부분하고 내용적인 측면에서 모두 '아, 이건 단편으로 해야 재미있게 해볼 수 있겠다'라는 것이 맞아 떨어진 경우다. 그 전에 〈죽거나 혹은 나쁘거나〉를 끝내고 바로 만든 단편이 〈다찌마와 리〉(2000)였다. 중편에 가깝긴 하다. 나는 단편 만드는 것을 좋아한다. 지금도 기회가 있으면 단편을 계속 만들고 싶다. 가장 최근에 했던 것이 3D로 했던 유령 나오는 단편이었다.

김성욱 그 작품은 DVD나 IPTV로도 나와 있지 않아서 보기가 힘들다.

짧은 영화, 긴 이야기

<남자니까 아시잖아요>
(2005)

류승완 영진위, 아카데미에서 해야 하는데 안 하더라. 나도 그래서 못 보고
있다.(웃음) 단편은 상업적인 부담이 없으니깐, 해보고 싶은 것을 하
게 된다. 〈유령〉(2014)의 경우는, 조금 지루하게 지켜보는 영화를 만
들고 싶었다. 그게 장편이라면 쉽지 않은 일들이다. 요즘은 스마트폰
보는 관객들과도 영화가 싸워야 하니, 어떤 한 순간도 지루하게 할
수가 없다. 근데, 지루한 호흡으로 가는 영화를 한번 해보고 싶었는
데, 단편 제안이 와서 할 수 있었다. 자율권을 주기 때문이다. 특별
한 백지수표인 셈이다. 어쨌건 영화를 만드는 건, 장편이건 단편이건
에너지를 모아서 해야 하는 일이기 때문에 예전처럼 작업하기는 힘
들다. 단편을 만들면서 에너지를 많이 쓰는 일이라면, 다음 영화에
서 이렇게 하면 낫지 않을까, 그런 생각도 하게 된다. 지금도 단편만
이 할 수 있는 것들이 있으면 여전히 시간만 맞는다면 만들고 싶다.

김성욱 글 쓰는 사람도 분량에 따라서 생각이 다른데, 감독으로서도 어떤 이야기는 단편으로, 어떤 건 장편으로 만들자, 라는 생각을 하게 되는 게 있나? 뉴스를 보거나 신문 기사를 읽거나, 혹은 현실의 어떤 순간을 보다가 이건 장편으로 혹은 이건 짧은 에피소드의 단편으로 만들자, 라는 그런 이야기, 사건, 형식 같은 것들이 작동하는 것이 있나?

류승완 딱 잘라 말하기는 어렵다. 둘 다 여행으로 비유를 하자면 장편은 목적지까지 가는 여정이 중요한 여행 같고, 단편은 목적지가 더 중요한 여행 같다. 하지만, 오히려 목적지에 도착하고 나서 그 이후가 중요해지는 것이 단편인 것 같다. 장편은 그 여정을 다 안고서 목적지에 도착을 해서, 그 여정이 지독하거나 즐거운 여정일 수 있는지를 생각하게 하는 것? 그런 차이가 있다. 여정을 함께하는 것이냐, 아니면 그 여정을 스킵하고 딱 출발해서 도착을 했더니 이게 예상을 했던 도착지일 수 있고, 도착을 해봤더니 너무너무 다른 곳일 수도 있고, 하는 그런 식의 차이가 있다.

김성욱 모토로라 단편의 경우, 〈죽거나 혹은 나쁘거나〉에서도 나오지만, 이야기가 진행되는 가운데 중간중간에 인터뷰의 형식이 있다. 말하자면, 두 개가 평행하게 진행되는데, 예전에 간첩을 다룬 짧은 작품에서도 그렇고, 이런 인터뷰의 형식을 선호한다는 생각이 들었다.

류승완 그게 찍기 쉽기 때문이다.(웃음) 사실, 인터뷰 보는 것을 좋아한다. 글로 어떤 사람의 말을 읽는 것과 사람이 등장해서 그걸 육화되어 있는 말로 표현하는 것이 다르다고 생각한다. 라디오로 어떤 사람의 목소리를 듣는 것과 화면에 나온 사람의 말을 듣는 것도 다르다. 인터뷰는 대화 장면과도 다르다. 그리고 그 인터뷰가 거짓일 수도 있지 않은가. 영화라는 것이 사운드 위에 어떤 이미지를 덮느냐에 따라서 그것이 진실일 수도 있고 거짓일수도 있게 하기 때문에, 나는 인터뷰라는 것이 꽤 영화적인 테크닉이라고 생각한다. 기회가 되면, 그런 형식을 사용할 수 있는 이야기가 있으면 이후에도 사용하고 싶다. 그리고 배우의 연기를 지켜보면서 그 인물에게 가장 빨리 다가가게 하는 가장 빠른 방식이기도 하다.

김성욱 어쩌면 두 인물이 서로 이야기하는 장면을 꺼려해서 나온 것이 아닐까 생각했다.(웃음)

류승완 아, 그럴 수도 있겠다.

김성욱 실제로는 같이 이야기할 수도 있는 건데, 그런 장면을 찍는 것은 대화를 피하는 방식이 아닌가.

류승완 사실 대화신이 가장 어렵다. 대화신을 잘 찍는 감독들이 정말 대감독 같다. 최근에 코엔 형제의 〈헤일, 시저!〉(2016)를 봤는데 대화 장면을 정말 잘 찍더라. '아무것도 아닌데 저렇게 쑥 지나갈 수가 있지'라는 생각이 들었다. 사실 대화신이라는 게 설정 샷을 하나 주고 오버더 숄드 샷을 찍느냐 아니면 단독으로 찍느냐인데 그냥 아무것도 아니기 때문에 어렵다. 그리고 컷팅 포인트도 정확해야만 한다. 말과 말의 간격을 얼마나 주느냐에 따라서 다르다. 근데 그것이 배우의 연기로만 되는 것이 아니라 교차되는 이미지가 어떻게 흘러가느냐, 사이즈가 어떻게 가느냐에 따라 다르다. 굉장히 결정적인 대사를 던졌는데 그 다음 반응 샷을 풀 샷으로 받느냐, 클로즈업으로 받느냐, 아니면 다른 인서트를 넣어주느냐 이런 것에 따라서 대화 장면의 분위기가 완전히 달라져 버린다. 반대로 인터뷰는 그냥 찍으면 되니. 지금도 영화 찍을 때마다 대화 장면을 어떻게 하면 다르게 찍을 수 있는지를 고민한다. '어떻게 하면 이걸 긴장을 놓치지 않을 수 있지'라는 생각을 한다.

김성욱 〈짝패〉(2006)에서 정두홍 씨의 대화신을 보면 그런 느낌이 들더라. 이후 영화들, 특히 〈베테랑〉이나 〈베를린〉(2012) 같은 경우에는 확실히 달라졌다고 생각한다.

〈죽거나 혹은 나쁘거나〉
(2000)

류승완 배우들이 나아지니깐.(웃음) 사실 류승범과 영화 찍을 때와 아닐 때가 많이 다르다. 연기연출에 대한 생각이 확 바뀐 게 〈주먹이 운다〉 때부터이다. 최민식이라는 배우와 일을 하면서 달라졌다. 예전에 〈죽거나 혹은 나쁘거나〉를 할 때에는 당연히 배우들을 오브제로 사용할 수밖에 없는 환경이었다. 〈피도 눈물도 없이〉(2002)를 할 때, 전도

연이라는 배우와 정재영이라는 훌륭한 배우들을 담아낼 그릇이 안 되었던 것이다. 그냥 내가 이전에 했던 방식대로 감독의 디렉션에만 반응하게 했던 것 같다. 지금 생각해보면 그때 배우의 연기를 좀 더 쫓아가는 방식으로 찍었다면 훨씬 더 감정적으로 사람들이 쉽게 들어올 수 있게 했을 것이다. 그러지 않고 '내가 생각하고 있는 콘티의 방식 안에서만 움직이게 해서, 오히려 그게 박제된 느낌이 들었던 거 아닐까'라는 그런 반성을 했다. 〈아라한 장풍대작전〉(2004)은 승범이가 워낙 잘해주니깐 내가 원하던 방식으로 맞출 수 있었는데, 〈주먹이 운다〉를 하면서 이게 많이 바뀌었던 것 같다. 내 영화에 출연하는 배우들을 예술가로, 창조적인 역할을 하는 존재로 인정하게 되면서 나 스스로가 배우의 연기를 지켜보게 됐다. 그리고 그때 최민식과 류승범이라는 두 명의 배우가 워낙에 짱짱할 때였으니, 그러면서 개념이 많이 바뀌게 됐다. 그 이후에 〈짝패〉와 〈다찌마와 리〉도 굉장히 자극이 센 향신료를 친 음식 같은 영화였다. 〈부당거래〉(2010) 하면서 그 접점을 찾게 된 것 같다. 현장성과 원래 내가 가고자 하는 방향성을 맞추면서 하고자 하는 것들을 찾았다. 그래서 가면 갈수록 좋은 배우들과 영화를 만든다는 것이, 이는 유명한 배우들과 일한다는 것과 조금 다른 개념인데, 중요하다고 생각한다. 그래서 지금도 캐스팅을 할 때 제일 공을 많이 들인다. 캐스팅만 잘하면 영화가 저절로 움직인다. 좋은 배우들과 좋은 스태프들만 구성하면 영화가 스스로 굴러갈 때도 있다. 나는 거기서 큰 방향성만 계속 제시하면 되니깐. 그게 이전과는 좀 다르게 잡은 내 방식이다.

김성욱 어쨌든 단편영화제가 영화를 만들고 싶은 이들에게는 감독이 될 수 있는 하나의 기회, 등용문이다. 당신이 영화감독이 될 때와는 상황이 많이 변했는데, 지금 감독들의 조건에 대해서는 어떻게 생각하나? 가령, 영화 글을 쓰는 젊은 친구들의 경우 사실 도리가 없다. 잡지도 별로 없고, 글을 실어줄 지면도 많지 않다. 그러니까 이제 글을 쓴다는 것이 영화에 대한 순수한 애정에서 벌이는 일이거나, 뭔가 전략적으로 준비를 해야 하는 일이 되어 버렸다. 감독의 경우라면 영화제가 많아져서 예전과는 달리 기회가 많다고 볼 수도 있다.

류승완 기회가 많은 게 일종의 함정이기도 하다. 이게 좋으면서 동전의 양면 같은 것이, 이들이 가려고 하는 곳의 판이 너무 커졌다는 거다. 어쩔 수 없이 소모품처럼 보일 수 있다. 지금 감독 마케팅을 아예 하지 않는다. 예전에 감독 마케팅을 했던 이유가 영화의 최소한의 예술성과 개성을 인정해줬던 것인데, 이제는 수십억의 돈이 오가는 일이니 자본의 논리가 지배적이다. 어떤 개인한테 자본을 걸고 배팅하기가 너무너무 힘든 상황인거다. 지금 젊은 감독들도 이미 그걸 알고 있는 것 같다. 그래서 그들에게 '너희들은 왜 개성 넘치는 영화를 못 하니'라고 말할 수 없는 것이다. 이미 판이 그렇게 벌어져 있다. '너네는 왜 옛날처럼 못 하냐'고 말할 수 없다. 그건 너무 무책임한 것 같다. 그리고 디지털 시대가 되면서 영화가 너무 많아진 것도 있다. 스스로 그 세대 안에서 경쟁률이 너무 높아진 거다. 내가 인터뷰할 때마다 이야기하는 게 있는데 〈죽거나 혹은 나쁘거나〉를 지금 만들었으면, 아마 보이지도 않았을 거라고 이야기하곤 한다. 너무 뛰어난 재원들이 많다.

김성욱 지금이라면 그런 영화가 너무 이상해서 보였을 수도 있을 것이다.(웃음)

류승완 인터넷의 등장으로 정보들이 너무 많아졌다. 인터넷이 처음 등장할 때 인디들에게 어떤 희망이 될 수 있을 것이라 생각했는데, 결과적으로 지금 보면 그렇지가 않다. 관객들 또한 영화를 대하는 태도가 너무 달라졌다. 극장에서 영화 상영이 끝난 이후에라도 예전에는 DVD나 비디오든, 손으로 물리적으로 만질 수 있었다면, 그리고 물리적으로 존재하고 있을 때에는 영화가 영화로서 최소한의 가치가 있었다고 여겼는데, 지금은 인터넷 공간에 저장되어 있는 하나의 정보가 되어 버렸다. 아는 영화가 많은데 실제로 자기가 체험한 영화들은 별로 없는 그런 시대에 영화를 만들고 있다. 그러니깐 영화를 만들어 놓고도 이전에는 상영할 기회가 없어서 못 틀고, 사람들한테 보여줄 수 없다고 했는데, 지금은 사실 유튜브에만 올려도 전세계 사람들이 볼 수 있게 되었음에도, 이제는 도리어 너무 많은 것 안에서 선택을 당해야 하니 어려운 일이다. 역설적으로 너무 많은 기회가 열려 버렸으니 그 안에서 자신이 돋보이기가 힘든 거다. 자본의 마케팅 도움을 받지 못하면 눈에 안 보이는 거다. 어쩔 수 없이 자본을 상대할 수밖에 없으니 영화를 잘 만들었다고 해서 될 수 있는 문제가 아니다. 오히려 이전의 정치적인 검열이나 위축된 자본 환경 안에서 만들면 조금만 뭘 잘해도 잘 보이는데 이젠 너무 외적인 것들이 풍성해진 상태에서 시작을 하려니 그게 도리어 힘든 것 같다.

가장 큰 차이가 90년대까지만 해도 자신의 영화적인 아버지를 다 바깥에서 찾았었다. 다 스콜세지를 말하고, 드팔마나 고다르를 이야기하고 그랬는데, 예전에 그럴 수 있었던 것은 신짜로 그 영화들이 좋아서 자신의 영화적 핏줄을 외부에서 찾은 것도 있지만, 실제로 마음 줄 만한 한국 영화가, 존중할 만한 한국 영화를 못 찾았기 때문이다. 오히려 머리가 크고 나서, 나중에 영화를 만들다 보니 '아, 그 힘든 환경에서 이런 영화를!' 하며 이두용 감독님의 옛날 영화도 보고 김기영 감독님 영화도 보고 '와 이럴 수가!' 이랬던 거다. 그때 홍콩 영화를 보고 스필버그 영화를 보고 나서 한국 영화를 같이 보려면 그런 차이를 느끼지 않을 수 없었다. 지금은, 일반인들도 그렇고 영화 만들려고 하는 영화학도들이나 전공자들 보면, 좋아하는 감독이 누구냐, 어떤 영화를 만들고 싶으냐, 하면 이제 집 나갔던 아버지가 들어온 거다. 홍상수, 이창동, 박찬욱, 봉준호 등의 한국 감독들을 거론한다. 이제 아버지들이 안방에 자리를 잡고 있는 거다. 예전에는 아버지가 집을 나가서 내가 가장이 돼서 이게 됐는데, 지금은 실제로 단편영화들을 봐도 그렇다. 미장센 초창기만 해도 외국의 영향을 받아서 만든 영화들이 꽤 보였다. 그게 무조건 좋다거나 나쁘다는 문제가 아니다. 지금은, 가령 몇 년 전에 봤던 어떤 영화는 홍상수 감독의 영화와 소주병 위치나 테크닉이 거의 동일한 영화였다. 의도적으로 패러디해서 만든 것이긴 하지만. 내가 볼 때 '아 이제 힘들겠구나'라는 게 느껴진다. 경쟁 상대가 집 안에서 쩡쩡하게 버티고 있으니, 눈앞에 있는 사람들이 버티고 있으니. 예전에는 스필버그 이러면 가까이 가지도 못할 사람인 것 같고, 사람도 아닌 것 같지 않았나.(웃음)

김성욱 그럼 변화의 이유가 뭐라고 생각하나? 그런 영화들을 안 보기 때문만은 아닐 텐데.

류승완 90년대 후반부터 한국 영화계가 일종의 혁명적인 변화가 일어났다고 생각한다. 1세대 프로듀서들이 한번 뒤집고, 90년대 중반부터는 감독들이 한번 뒤집고. 실제로 이장호 감독님이랑 배창호 감독님들 이런 분들 등장하셨을 때, 60년대에서 70년대, 70년대에서 80년대에 세대 전복이 이루어지고 나서 가만 보면 10년 유지가 잘 안됐었다. 근데 90년대 중반 이후에 등장했던 감독들이, 1997년부터 2000년대까지를 보자면, 그때 등장했던 감독들이 지금도 활발하게 활동하고 있다. 그러니까 이제 세대교체가 안 생기고 있다는 거다. 그리고 기존의 세대들이, 가령 미쟝센에서 등장한 감독들만 봐도, 미쟝센에 등장을 하면 이들이 앞의 세대를 뒤집는 게 아니라, 이상하게 앞의 세대와 같이 들어간다. 새로운 세대의 감독들이 이걸 전복시키고 뒤집는 것이 아니라, 그냥 이 그룹군 안으로 들어와서 살이 되고 근육이 되고 있는 것 같다는 느낌이다. 세대 전복이 안 이뤄지고 있는 거다. 이건 기존의 세력군을 형성했던 감독들이 어쨌건 계속 버티고 있는 영향 때문인 것 같기도 한데, 그 전의 한국 영화들은 전 세대를 뒤집으면서 조금 조금씩 앞으로 나갔었다. 지금 보면 CJ 같은 한국형 스튜디오들도 20년이 넘었다. 여기도 시스템이 진화하고 있고, 이후에 다른 배급사들도 자기 나름의 진화를 겪고 있어서 이전의 투자사가 있고 제작사와 감독, 그런 일종의 삼권분립이 이뤄지고 있었던 상황이 교묘하게 스튜디오 중심의 자본으로 개편되고 있다. 어쨌든 감독의 존재는 사라지지 않을 것이다. 예전에 우리가 데뷔할 때 보면, 이렇게 말하면 나도 옛날 사람 같아서 그렇지만, 기존의 주류 영화계의 선배들이 다루지 않았던 것을 다뤘기 때문에 눈에 보였던 것이다. 공포를 다루거나 하드보일드 한 걸 다루거나 코미디 중에서도 그 전에 다루지 않던 것을 시도했는데, 지금은 한국에서 서부극과 SF 빼고는 거의 다 하고 있다. 그러니까 감독들이 뭘 만들어도 이게 앞서지지가 않는 것처럼 보인다. 예를 들면, '한국에서, 아 이런 영화가!'라는 말이 우리 세대에는 통용이 됐었는데, 가령 미국이나 일본, 유럽에서만 이런 걸 하는 줄 알았는데, 하는 것들을 우리 세대에는 했었는데, 우리 세대가 이미 그런 걸 만드는 사람들이니 '한국에서 이런 영화가!' 이런 말이 지금 새롭게 올라오는 감독들에게는 가산점으로 작용하지 못하는 거다. '저거 누가 한 거 아니야' 이런 식이니 지금의 신인 감독들이 힘들다고 생각한다. 어렵겠다는 생각이 든다. 이런 와중에 〈검은 사제들〉(2015) 같은 영화는 꽤 분발한 것으로 보인다. 감독이 직접 만든 단편 〈12번째 보조사제〉를 확장하는 방식으로. 기존의 한국에서 다루지 못하거나 하지 않았던 장르를 한국식으로 변용해서 먹혔던 것 같은데, 지금 그런 것들도 이제 바닥이 나고 있으니, 완전히 새로운 장르에 손대고 개척하지 않으면 진짜 힘들겠다는 생각이 든다.

김성욱 그런 점에서 미장센 영화제에서는 도리어 장르의 준수보다는 장르를 해체하거나 파괴하는, 그런 유형의 영화가 더 필요한 거 아닌가?

류승완 그렇다. 아까 말한 것처럼, 오히려 가장 보수적으로 만들 것 같은 할리우드에서도 슈퍼 히어로를 풍자하는 〈데드풀〉(2016) 같은 영화를 만들지 않나. 그런 게 좀 필요하다고 생각한다. 조금 더 과격하게, 아예 더 깊이 들어가서 할 수 있는 게 아니라면, 완전히 다른 시선으로 만드는 작품들 말이다. 그러려면 진짜 영화를 많이 보고 토론하고 생각해야 하는데, 지금은 경향이 많이 달라진 듯하다. 이제 고전들을 많이 보지 않는다. 영화의 역사가 어떻게 진행되어 현재까지 왔다는 그런 궤적을 살펴보기보다는, 자기가 필요한 장르들의 영화를 유튜브에서 부분적으로만 보고는 이 영화를 알고 있다고 생각하는 경향들이 있다. 물론, 지금 세대들의 나름의 고민이 너무 많으니. 하다못해 학교를 다니는 것조차 빚쟁이가 되고 있는 건데…

 ## 맷집이 감독을 만든다

김성욱 영화제가 단편영화를 만드는 재능 있는 작가들을 발견하는 곳이지만, 사실 그 이후의 작가적 삶이 중요하다.

류승완 착각하지 않는 게 중요하다고 생각한다. 예전에야 영화제에서 상 받는 것이 굉장히 큰일이었지만 지금은 사실 그렇지 않다. 냉정하게 말해서, 영화제에서 수상하는 순간 세상의 모든 것을 다 가진 것처럼 보이지만 일 년이 지난 후에는 그 자리에 다른 사람이 또 와 있다. 그리고 영화제에 오는 관객들은 특별한 사람들이다. 영화제에 와서 박수를 쳐주려고 오는 사람들이다. 그걸 착각하는 순간 많은 것을 잃어버린다. 냉정해질 필요가 있다. 설령 미쟝센에서 대상을 받는다고 해도 인생이 크게 바뀌지는 않는다. 여기저기서 전화는 많이 오겠지만, 근데 석 달 정도 지나면 싹 빠져 버린다. 그리고 요즘은 사이클이 너무 빨리 바뀌기 때문에, 미쟝센뿐만 아니라 다른 영화제에서 어떤 성과를 얻는다고 해서 그게 일종의 레드불처럼 순간적인 활력을 얻는 것으로 생각해야지, 이게 무슨 불로초는 아니다. 영화제의 수상은 자기 실력만으로 되는 것이 아니라, 냉정하게 말하자면 운이 필요하다. 어떤 해는 좋은 영화들이 많이 나오는 해가 있고, 어떤 해에는 영화들이 진짜 안 좋은 해가 있기 마련이다.

'희극지왕' 섹션에서 대상을 받은 〈베이비를 원하세요?〉(2006)라는 영화가 있는데, 아마 그해 심사에 박찬욱과 류승완이 아니었다면 수상하지 못했을 수도 있다. 영화 작업으로 꽤 바빴던 해였는데, 본심에 오른 영화들이 좋지 않아 예심에 올랐던 작품을 다시 보다가, 결국 본심에 오른 영화가 떨어지고 본선에 못 올라온 영화가 대상이 됐다. 그러니까 영화제 심사위원들의 취향도 그해에 많이 작용을 한다. 영화제에서 떨어졌다고 해서 실망할 필요가 없다. 나 또한 영화제에서 무지하게 떨어졌던 사람이다. 당시 한국에 존재하는 모든 경쟁 영화제에서 다 떨어졌다. 시나리오 심사에서도 떨어졌던 사람이다. 그러니 누가 어떻게 될지 모르는 일이다. 떨어졌다고 해서 수그릴 필요 없고, 영화제에서 수상했다고 어깨에 벽돌 들어갈 필요도 없다. 진짜 운이 좋아서 상까지 받는다고 해서 달라지는 것은 거의 없다. 상금을 받고 사람들의 시선을 받겠지만, 그때 거기에 취해 버리기보다는 다음 영화를 준비하든, 시나리오를 쓰든, 아니면 더 큰 현장에서 스태프로 일하면서 더 큰 환경을 보든, 뭔가를 해야 한다. 수상은 인생의 중요한 터닝 포인트가 될 수 있겠지만, 인생의 클라이맥스, 끝 지점은 아니다. 수상은 좋은 출발 지점에 있는 것뿐이다. 착시에 빠지면 안 된다.

김성욱 그렇다면 영화를 만드는 감독에게 지금 가장 필요한 것이 있다면, 정신력, 혹은 체력?(웃음) 어떤 영화를 만들어 가야 하는지, 혹은 영화 작업에의 믿음을 어떻게 유지하는가?

류승완 사람마다 다르겠지만, 나 또한 사실 매번 그런 불안감에 휩싸인다. 매 순간 영화를 만들면서도 계속 흔들리는 것이 있다.

김성욱 예전 다른 감독들과의 술자리에서 그런 믿음에 관해 이야기를 나눈 적이 있다. 〈베테랑〉개봉 이후였는데, 다들 류승완 감독은 자기가 믿는 걸 끝까지 순진할 정도로 관철시키고 있다는 이야기를 했었다. 영화 작업에는 어떤 식으로든 믿음이 필요하지 않나 싶다. 이런 영화가 지금 필요한가, 사람들이 이런 영화를 받아들일 것인가 등등 여러 가지 조건들 안에서 자기가 어떤 믿음을 갖고 어떤 영화를 만들 것인지를 결정해야만 한다.

류승완 내가 아직 순진한 건지 모르겠는데, 나는 장편을 만드는 모든 감독들이 마지막 순간까지 그런 믿음이 없으면 못 한다고 생각한다. 영화를 만들 때에 그런 것이 없다면, 사실 감독들이 반은 정신병자인 상태로 현장을 진행하는데, 게다가 높은 제작비를 들여 영화를 만들 때에는 사람이 제정신으로 갈 수가 없다. 〈베테랑〉같은 영화가 그런 게 될 수 있었던 것이, 사실 내가 괄약근을 완전히 풀고 만든 영화라서.(웃음) 게다가 상업적으로 아예 이 영화를 블록버스터 시즌에 개봉할 거라고 생각도 안 하고 만들었던 작품이다. 400만 명

정도만 봐도 정말 대성공이라 생각하면서 만들었던 영화다. 애처럼 만든 영화다. 어릴 적 봤던 〈비버리 힐스 캅〉이나 〈러셀 웨폰〉 같은, 그런 느낌으로 만들었던 영화다. 실제로 이 영화를 많이 본 사람들이 십대들이다. 어른스러운 영화를 만들려고 했다면 좀 달랐을 것이다. 우리 애들이랑 같이 보고 낄낄대고 보려고 했던 영화다. 로드리게즈도 〈썬 시티〉 만들 때와 〈스파이 키드〉 만들 때랑은 다를 수밖에 없다.

그럼에도 불구하고 〈베를린〉을 만들 때와 〈베테랑〉 만들 때, 나의 근본적인 태도가 완전히 바뀐 것은 아니다. 물론 눈에 띄지 않은 변화는 있겠지만. 근본적으로 영화를 만들 때 중요하게 생각하는 가치들은 감독이라면 누구나 갖고 있다. 나 같은 경우엔 아무것도 아니던 시절, 그러니까 정말 힘들었던 때인데 그땐 내가 재능이 진짜 없다고 생각했었다. 나는 그냥 열심히 하는 사람일 뿐이었다. 재능이 빛나거나 그렇지 않았고, 진짜 좋은 재능을 가진 감독들의 영화를 보면 며칠을 끙끙 앓아눕곤 했다. 지금까지 나를 버티게 한 것이 콤플렉스와 성실함이다. 근데 그때 박찬욱 감독이 나한테 재능이 있고 없고가 중요한 것이 아니라 재능이 있다고 생각하는 믿음이 중요하다고 말했었다. 물론, 이런 말을 지금 세대의 감독들에게 똑같이 이야기한다면 위험한 발언이 될 수도 있을 것이다. 만약에 재능이 진짜 없고 아무것도 없는데 그걸 그냥 믿습니다 하고 가다가 잘못되면 아무도 책임져줄 수 없다. 조심스런 일이다. 다만 이거 하나만은 이야기할 수 있다. 자주 하는 이야기인데, 펀치만 세다고 세계 챔피언이 되는 것이 아니라는 말이다. 세계 챔피언이 된 사람들은 펀치만큼 맷집도 좋다. 실제 세계 챔피언들의 경기를 보면 때리기도 잘 하지만 맞기도 잘 한다. 한국의 수많은 복서들 중에 챔피언이 못

된 사람들은 가드가 안 좋다. 방어가 안 좋고 때리기만 하다 보니, 점수로 하면 좋지 않은 것이다. 잘 맞는 게 중요하다. 그러니깐 맷집이 중요하다.

미쟝센 영화제에서 영화를 상영하면 영화제 본선에 못 오른 동료들에게 질투를 받기도 한다. 거기다 상까지 받으면 온갖 질투와 시기를 받을 수도 있다. 이런 데서 생긴 기대는 대중들의 기대가 아니라서 더 날카로울 때가 있다. 이제는 내가 막 진짜 스타들도 만나고 투자도 받을 수 있을 거라 생각하는데 그 단계가 진짜 험난하다. 이게 일종의 세트 같은 거다. 세트 겉면은 화려해 보이지만 실제 그 문을 열고 나가면 허당이다. 기대어 놓은 나무 하나 잘못 건드리면 다 무너져 버린다. 그 험난한 과정을 계속 거쳐 가야 하는데, 이게 자기 재능이 있다고 한들 맷집이 준비가 안 되어 있으면 쉽지 않다. 영화 작업이 무서운 게, 이게 시간을 잡아먹는 괴물이다. 뭐 시나리오 쓰다가 조금 이것저것 하다 보면 이삼 년이 지나가 버린다. 준비하던 시나리오 하나 엎어지면 또 일 년이 지나가고, 사람 만나서 술 마시고 뭐 하다 보면 어느 순간 자기가 경험했던 영광의 길을 이미 서너 명 다른 사람들이 밟고 있다. 그럼 사람이 불안해지기 시작한다. 그러니까, 내가 볼 때에는 그걸 버틸 수 있는 힘이 중요하다. 영화만 보고 가는 것은 힘든 일이다. 내 경험만으로 말하는 것이니, 너무 폭이 좁은 이야기일 수도 있겠지만, 오히려 영화계 바깥에 있는 사람들과의 관계를 가지고 끊임없이 자기가 세상 속에 있어야 한다. 감독이란 호칭이 붙다 보면 자연인 아무개의 정체성이 점점 감독의 정체성으로 먹혀 들어간다. 그래서 나는 그런 걸 조심하게 된다. 점점 자연인 류승완으로서의 삶이 어색해질 수밖에 없다. 그래서 일부러 영화 바깥의 사람들을 만나곤 한다. 그래야 영감도 더 받고 그런다. 그런 만남들이 나의 현재 위치를 더 냉정하게 볼 수 있게 해준다. 물론, 이마무라 쇼헤이나 스필버그 이런 양반들이 하는 이야기처럼 진짜 중요한 건 체력이다. 정신력도 체력이 받침이 되어주지 않으면 어렵다. 젊었을 때 운동하는 습관을 기르는 것, 그거 진짜 중요하다고 생각한다.

 영화는 만드는 것인가? 이미 만들어진 것인가?

김성욱 얼마 전 프랑스 감독과 관객과의 대화에서 한 친구가 '당신의 영화에서 아름다운 이미지가'라는 표현을 하니, 그 감독이 정색하며 '아름다운 이미지가 무엇인지 모르겠다. 내가 어떤 아름다운 것을 봤기 때문에 영화로 그것을 담아낸 것이다. 아름다운 이미지를 만들기 위해서 찍은 게 아니다'라는 말을 하더라. 삶이라든가 현실에서 보는 그 어떤 아름다움이 있기에 영화가 만들어지는 것 아닌가?

류승완 이미지를 만들어내는 것에 대해서는 생각이 조금 다른 부분이 있다. 영화를 준비하는 단계에서 어쨌거나 각본을 쓰면서도 내가 어떤 이미지나 느낌에 도달하려는 그런 지점이 있다. 나는 그런 이미지를 만든다는 생각이 든다. 아직까지 나는 내가 영화를 '만드는 사람(making)'이라는 생각을 한다. 물론, 실사 영화를 찍는다는 건 지금 있는 것을 포착한다는 것이긴 하다. 근데, 그것을 포착해서 어떤 이미지를 입히고, 내가 포착한 그 이미지를 어떤 색으로 표현하고, 그 이미지를 어느 부분에 배치하는가에 따라서 달라질 수밖에 없다. 그래서 영화 만드는 것은 조작하는 일이다. 여전히 나는 영화 만드는 것이 흥미롭다. 내가 아무리 준비를 하고, 아무리 내 눈으로 보더라도, 그걸 포착했다 하더라도, 그것을 어떻게 배치하는가에 따라서 너무 달라지고, 편집실에 앉아서 보면 완전히 다른 느낌이다. 물론, 현장에서 예상치 못하게 불었던 바람, 구름의 움직임 그리고 전혀 생각지 못했던 배우의 행동, 가령 배우의 얼굴을 클로즈업 했을 때 배우의 안면근육의 변화로 눈 밑이 파르르 떨리는 순간들에서 예상치 못한 마법의 순간을 겪기도 한다. 영화에서 최소한 한 순간은 그런 순간이 온다. 마법 같은 순간이라고 표현을 하지만, 그건 설명할 수 없는 순간이다. 배우들이 연기를 하고 있는데 실제로 신 들린 연기가 나타날 때가 있다. 진짜 귀신에 씐 것처럼 카메라도, 조명도 모든 것이 한 번에 완벽하게 이루어지는 순간들이 있다. 나는 영화가 단순히 기술 집약적인 어떤 상품이 아니라 여전히 예술일 수 있는 게 그런 순간들이 있기 때문이라고 생각한다.

사실 영화를 만드는 모든 사람들은 현장에서 피땀을 흘리면서 NG 와 OK를 고른다. 어떻게 보면 영화를 만드는 행위 자체가 정도나 수준의 차이가 있지만, 모두가 기본적으로는 뭔가 아름다운 것, 표현은 다를 수 있지만, 이게 멋있는 것일 수도 죽이는 것일 수도 있겠지만, 뭔가 최상의 어떤 것을 향해 가려 한다. 지금 막 단편영화를 만드는 감독들이 부러운 게, 그런 순수한 상태. 이제는 나만 해도 십여 년 이상 영화를 찍고 있으니 관습적으로 떨림이 좀 덜하다. 영화 처음 찍을 때 생각해보면 카메라만 봐도 떨리고, 렌즈 좀 큰 것으로 장착만 해도 '와!' 이런 식의 떨림과 두근거림이 있었다. 기술적인 완성도와는 상관없이 그런 떨림이 넘치는 영화들이 있다.

김성욱 영화를 보면 작업의 기쁨과 즐거움이 느껴지는 그런 영화들이다.

류승완 그렇다. 예전에 미장센 2회인가 3회인가, 고등학생이 만든 액션영화가 있었다. 그때가 오승욱 감독과 심사위원을 할 때인데, 아마추어적으로 액션을 찍었는데 너무 자기들이 찍고 싶은 걸 찍은 게 보이는 거다. 오승욱 감독이 "야 얘네 정말 너무 귀엽지 않니?"라면서 오버하고 해서 특별상을 준 적이 있다. 그런 영화를 볼 때면 보는 사람들도 기분이 좋다. 이게 좋은 건지 나쁜 건지, 똥인지 된장인지, 아름다운 건지 후진건지 모르겠지만, 그런 영화에 끌리는 게 있다. 그냥 주먹을 휘둘렀는데, 사람이 가짜로 맞는 게 너무 뻔하게 보이는데, 그래도 뭔가 향해 가는 게 보이는 거다. 영화 하는 사람들이 모두 그런 걸 향해서 가는 거다. 나중에 우아하게 어떤 의미가 있고 그런 말들을 하기도 하지만, 실제로 보면 일종의 여행처럼 뭔가를 향해 가는 것이다. 트뤼포 영화에 보면 그런 게 나온다. 〈아메리카의 밤〉(1973)을 보면 영화 찍는 게 역마차 여행 같은 거라고 하는데, 내가 영화 찍으면서 힘들 때마다 막 그 장면을 보면서 위안을 얻는다. 어떤 때는 엉엉 울면서 보기도 한다.(웃음) 단편이건 장편이건, 기존 장편영화 감독들의 영화에 위축될 필요가 없다. 그렇다고 자기들이 엄청나게 뛰어난 건 아니다. 말이 중구난방이다.(웃음)

김성욱 마지막으로, 단편영화를 만드는 데 있어서 자신만의 노하우나 팁이 어떤 것인가?

류승완 나는, 자본과 작가의 지향점이 뭔가 충돌하고 싸우고 투쟁의 역사인 것처럼 보이기도 하는데, 이게 약간 함정 같다. 왜냐면 영화라는 게 아무리 작은 영화라도 돈이 없으면 못 만든다. 핸드폰으로 영화를 찍는다고 해도 영화 찍으면서 밥은 먹어야 할 거 아닌가. 밥을 먹고 어디 가면 교통비는 있어야 할 거 아닌가. 화가들도 마찬가지다. 근데 영화는 비극적으로 돈이 또 많이 필요하다. 잘 만들려고 하면 비용이 많이 든다. 단편영화도 마찬가지다. 그리고 갈수록 한국도 이미 자본 시장의 규모가 커져서, 이제는 영화를 만드는 사람들이 이런 자본을 내가 만드는 영화에 얼마만큼 잘 활용할 수 있는가를 깨달아야만 한다. 자본가들과 싸운다고 될 일이 아니다. 그분들은 바빠서 만나서 싸움할 시간도 없다.(웃음) 그러면, 그냥 자기가 만들려고 하는 영화가 어떤 영화인지만 알고 있으면 된다. 나머지는 프로듀서들이 다 해준다. 감독은 자기가 함께하는 프로듀서들과 스태프들을 얼마나 자기편으로 끌어들여서 같은 방향을 보게 할 것인가를 고민해야 한다. 그러면 조율이 필요한 거다. 타협이 아니라 어쨌건 주도권은 감독이 쥐고 있어야 하니, 중심이 자기라는 걸 잊지는 말아야 한다. 자조적으로 신인 감독이니깐, 저예산으로 하니깐, 그렇게 해 버리면 이미 모든 것은 다 끝나 버린다. '그럼에도 불구하고 나는 내 영화를 만들겠어' 하는 사람에게 다음에도 기회가 온다. 이번엔 그냥 이렇게 해서 그냥 극장에 걸고, 다음 영화에서 잘 해보자, 이런 식이면 절대 다음 기회가 쉽게 오지 않는다. 모두가 다 같은 조건에서 영화를 만들 수는 없다고 생각한다. 누군가는 더 좋은 조건으로 영화 작업이 가능하겠지만, 더 좋은 조건을 보고 투덜거리기보다는 지금 자기 위치에서라도 무언가를 해야 한다. 나는 만드는 사람이니, 영화를 보고 왜 이렇게 만들었어, 왜 이렇게 후져, 그런 투덜거리는 일은 비평가의 몫이다. 만드는 사람은 투덜대지 말고, 자기 자신과 싸워야만 한다. 영화 현장 나가면 거의 전쟁터 지휘관 같은데, 그러면 내가 싸우는 전쟁터가 무슨 진흙탕이 될 수도 있고, 바다 위가 될 수도 있고, 산속이 될 수도 있는데, '내가 해군인데 왜 나를 산속에 떨어트려놔서' 이런 식으로 투덜댈 수는 없는 일이다. 지본과 씨우기보다는 자본을 끌어들여 내 영화에 조금이리도 더해 내가 찍고 싶은 장면을 찍어야 한다. 그러기 위해선 더 영리해져야 한다. 영화감독들은 일정 부분 다 사기꾼이라 생각한다. 배우들도 사기꾼인데, 왜냐하면 영화가 결국 가짜이기 때문이다. 다 가짜 피고, 영화에서 죽는 것도 가짜 죽음이고, 섹스도 모두 가짜다. 다 가짜인데 거기에 진정성을 담았다 하고, 진짜처럼 한다. 다 사기꾼들이다. 그러니 자기 자신하고 제대로 싸워야 한다. 나는 지금도 많은 관객들이 내 영화를 봐주면 좋겠지만, 내 영화를 열렬히 지지해주는 관객들이 훨씬 더 소중하다. 내 능력이 되건 안 되건, 그때 내가 만들었던 결과물을 지지해주는 관객들이니. 내 영화를 못마땅하게 본 관객들에게는 다음에 영화를 만들게 되는 근거도 되고, 그들에게는 다른 뭔가를 증명해 보이고 싶다. 사실 본인이 제일 고통스럽다. 영화를 만들려는 싸움은 내가 싸움으로 상대를 아프게 하려는 게 아니라 내가 영화를 지키려 하는 것이다. 내가 만들려고 하는 영화를. 그러니깐 나를 위해서 싸우는 게 아니라 내가 만들려는 영화를 위해서 싸우는 거다.

짧은 영화, 긴 이야기

· 류승완 감독 단편영화 필모그래피

〈변질헤드〉(1996)

〈다찌마와 리〉(2000)

〈남자니까 아시잖아요〉(2005)

〈타임리스〉(2009)

〈유령〉(2014)

· 인터뷰어 _ 김성욱 (영화평론가)

중앙대학교 영화학과 박사, 시네마테크 서울아트시네마의 프로그램 디렉터
로 활동하며 영화사의 거장들의 회고전을 기획해 개최하고 있다. 『데릭 저먼
의 영국』, 『디지털 시대의 영화』 등의 책을 번역했고, 『루이스 부뉴엘의 은밀
한 매력』, 『오시마 나기사』, 『장 피에르 멜빌』, 『영화와 사회』 등의 책을 출간했다.

불안은 나를 이끄는 힘!
- 나홍진 감독 인터뷰

이주현(<씨네21> 기자)

누구에게나 처음은 있기 마련이다. 나홍진 감독의 처음은 〈추격자〉(2008)다. 〈추격자〉 이후 많은 것이 변했다. 나홍진 감독의 영화 인생이 아니라 한국의 스릴러영화들이 많이 변했다. 〈추격자〉를 닮은 스릴러영화들이 우후죽순 쏟아져 나왔다. 500만 관객을 불러 모은 '신인 감독' 나홍진에게 국내 다수의 영화제는 올해의 감독상 타이틀을 안겼다. 나홍진 감독의 데뷔는 그렇게 짜릿했다. 이후 그는 〈추격자〉보다 더 지독한 추격의 스토리 〈황해〉(2010)를 내놓았다. 〈추격자〉와 〈황해〉는 숨 막힐 듯 질주하는 이야기와 폭력적 세계의 사실적 묘사라는 점에서 닮았다. 그것은 곧 '나홍진 감독의 스타일'로 받아들여졌다. 그런데 그가 6년 만에 선보인 세 번째 영화 〈곡성〉(2016)은 앞선 두 영화와 달랐다. 폭주하는 에너지는 여전하지만 이야기와 스타일이 확연히 직유에서 은유로 선회했다는 느낌을 준다. 나홍진 감독의 변신일까. 그는 "단편으로의 회귀"라는 표현으로 그 변화를 설명한다. 나홍진 감독은 〈추격자〉로 데뷔하기 전 세 편의 단편 〈5 Minutes〉(2003), 〈완벽한 도미 요리〉(2005), 〈한(汗)〉(2007)을 만들었다. 〈5 Minutes〉는 2004년 미쟝센 단편영화제 '절대악몽' 부문에서 상영되었고, 〈완벽한 도미 요리〉는 2005년 미쟝센 단편영화제에서 '절대악몽' 부문 최우수상 수상작으로 선정되었다. 미쟝센에서는 상영되지 않았지만 〈한(汗)〉으로 제44회 대종상 단편영화감독상도 수상했다. 그의 대표 단편 〈완벽한 도미 요리〉와 〈한(汗)〉은 대사 없이 이미지와 사운드만으로 인간사의 모순과 아이러니를 그린다. 그 은유의 화법은 〈곡성〉에서도 고스란히 드러난다. 한편 나홍진 감독은 '스크리닝의 경험'이 감독에게 미치는 영향이 얼마나 중요한지도 강조했다. 영화는 관객을 만났을 때 비로소 완성된다. 관객의 반응은 감독의 다음 작품에 지대한 영향을 미치고, 그 반응을 학습하는 과정은 그래서 중요하다고 한다. 나홍진 감독은 아직도 단편영화의 첫 스크리닝 경험을 잊을 수 없다고 했다. 그 말은 감독과 관객이 만날 수 있는 길이 활짝 열려 있어야 한다는 얘기로도 해석할 수 있을 것이다. 〈곡성〉의 칸영화제 상영 일정을 소화하고 돌아온 나홍진 감독과 마주 앉아, 그의 현재를 있게 한 세 편의 단편을 통해 스크리닝의 중요성부터 단편의 정의에 대한 이야기까지 두루 나누었다.

 ## 관객은 더 높은 곳으로 나를 이끈다

이주현 세 편의 장편영화가 모두 칸영화제에 초청받았다. 2008년 〈추격자〉가 '미드나잇 스크리닝'에, 2010년 〈황해〉가 '주목할만한 시선' 부문에서 상영되었다. 올해 〈곡성〉은 비경쟁 부문에 초청받았는데, 세 번째 방문한 칸은 어땠나.

나홍진 이번엔 워낙 짧은 일정으로 칸에 다녀와서 정신이 하나도 없었다. 무언가를 느낄 새도 없었다. 영화가 개봉 중인 상태에서 칸에 다녀온 것도 이번이 처음인데, 내 영화에 많이 관심 가져주시는구나, 좋아해주시는구나, 그런 느낌을 받았다.

이주현 〈추격자〉를 두고 한국적인 스릴러, 한국형 장르영화가 탄생했다는

나홍진 감독

펑이 있었다. 〈추격자〉, 〈황해〉, 〈곡성〉 모두 보편적 장르의 문법을 따르지만 소재와 캐릭터는 한국적이라서 감독님의 작품에 대한 국내외의 반응이 조금은 다를 것도 같다.

나홍진 국내외 반응이 굉장히 다르다. 그 차이가 상당하다. 감독에게 스크리닝의 경험은 참 소중하고 중요하다. 관객들이 내 영화에 어떻게 반응하는지를 체감하는 것, 그러한 스크리닝의 경험을 통해서 많은 것을 학습하게 된다. 스크리닝 경험이 많으면 많을수록 더욱 우월한 입지에서 다음 영화를 만들 수 있다고 생각한다. 고맙게도 세 편의 장편영화가 모두 칸에서 상영되었다. 칸영화제에 모인, 문화적 배경이 서로 다른 사람들이 내 영화를 봤다. 그 반응을 확인하고 학습하는 과정이 내겐 소중한 경험이었다. 앞으로 내가 영화를 만들 때 어떻게 밸런스를 맞추고, 무엇에 포커싱을 두고 타겟팅을 할 것이냐의 문제와도 연결되는 지점이 있다. 단편영화를 만들고 첫 스크리닝했을 때의 경험, 사람들이 내 영화에 반응했던 순간도 잊지 못할 순간이다. 그 경험은 평생을 가는 것 같다.

이주현 영화를 수용하는 국내외 관객의 반응 차이를 좀 더 구체적으로 설명해줄 수 있나.

나홍진 한국 관객들은 명확한 걸 좋아하고 작가의 의도를 굉장히 중요시

한다. 하나의 장르에 충실한 영화보다 다양한 장르가 혼재돼 있어서 다양한 만족감, 다양한 감정을 제공하는 영화를 선호하는 것 같다. 그리고 몰입을 굉장히 잘 한다. 주인공에게 힘을 실어주고 감정을 이입하면서 관람하는 것 같다. 나 역시 한국인이고 한국 관객이기 때문에 그런 식으로 영화를 봐 왔을 것 아닌가. 나 역시도 이렇게 만드는 것이 익숙하고 당연하다고 여긴다. 그런데 외국 관객들은 그러한 한국적 스타일을 신기해한다. 해외 영화제에 가면 한국 영화만의 특징인 것 같다는 질문도 많이 받는다.

이주현 이미 단편을 만들 때부터 여러 영화제에 초청받은 경험이 있다. 〈완벽한 도미 요리〉로 2005년 제4회 미쟝센 단편영화제 '절대악몽' 부문 최우수작품상을 수상했는데, 당시의 수상이 얼마나 큰 힘이 되었는지 궁금하다.

나홍진 장편영화로 데뷔하기 전, 사실 많이 불안할 때지 않나. 그런 시기에 미쟝센에서 수상을 하면서 '내가 계속 트라이 해봐도 되겠구나, 계속 문을 두드려봐도 되겠구나'라는 생각을 하게 된 것 같다. 또 당시 심사위원장이 박찬욱 감독님이었고, 내가 상 받던 '절대악몽' 부문 심사위원은 김지운, 임필성 감독님이었다. 그 감독님들로부터 인정받았다는 생각에 더 뿌듯했다. 수상 이후에도 감독님들이 계속 애프터서비스를 해주셨는데 그것도 굉장히 큰 도움이 됐다.(웃음)

이주현 그렇게 어느덧 미쟝센 단편영화제의 아이콘 같은 감독이 되었다. 많은 젊은 감독들이 〈완벽한 도미 요리〉를 보고 제2의 나홍진 감독이 되길 꿈꾼다. 미쟝센이 감독 등용문의 장이 된 듯도 한데, 당시 감독님에게 미쟝센은 어떤 의미의 영화제였나.

나홍진 의미보다는, 그 당시 출품된 영화들이 다 재밌었다. 요즘은 점점 단편영화의 상영 시간이 길어지고 있는 것 같은데 그땐 영화들이 임팩트가 있었다. 〈5 Minutes〉, 〈완벽한 도미 요리〉로 두 차례 미장센영화제에 초청받는데 그때 만난 친구들, 형, 동생들과 지금까지도 연락하면서 지낸다. 가끔씩 만나서 소주도 마시고, 실제로 일에서도 만남이 있기도 하다. 지금의 미장센 분위기는 어떤지 모르겠지만 그때는 되게 뜨거웠다. 뜨거웠고, 강렬했고, 막 자극적이었다. 그리고 뭔가 한눈에 우리가 보였었다. 그러니까, 쟤는 누구고, 쟤는 누구고, 우리끼리 술 마시면서 서로에 대한 이야기, 영화에 대한 이야기도 많이 나눴다. 서로의 영화에 영향을 받기도 했고, 〈부산행〉(2015) 만든 연상호 감독, 〈오피스〉(2014) 만든 홍원찬 감독, 〈핵분열가족〉(2004) 만든 박수영, 박재영 감독도 그때 만난 인연들이다.

 짧게! 그러나 그 속에 은유를……

이주현 단편영화에 대한 개인적 정의를 내려본다면. 감독님이 생각하는 이상적인 단편영화는 무엇인가.

나홍진 10분 미만으로 만든 영화. 10분 이상의 단편은 (영화제에서) 받지도 말아야 한다.(웃음)

이주현 단지 러닝타임의 문제인가.

나홍진 그게 어마어마하게 중요하다. 그 사실을 나도 나중에야 깨달았다. 10분 안에 다 담는다는 것, 그게 얼마나 대단한 일인가를.

이주현 그 비슷한 이야기를 박찬욱 감독이 했다. "단편은 장편의 전 단계가 아니다. 단편의 매력은 짧은 것이다"라고.

나홍진 나도 마찬가지다. 학생들이 왜 영화를 길게 만드는지 이해할 것 같다. 그런데 그게 그렇게 도움이 안 된다, 정말로. 진짜 도움은 짧게 만들고 그 안에서 완결성을 갖추는 능력을 키우는 것이다. 그게 중요하다. 장편의 전 단계라고 느끼든, 만약 그렇게 느낀다면 오히려 더 짧게 만들어야 한다. 요지는, 하나의 신을 완성시키는 법을 알아야 한다는 것이다. 신의 연속을 통해서 무언가를 얘기하려 들지 말고, 한 신을 완성시키는 법부터 알아야 한다. 단편은 시에 비유할 수 있을 것이다. 무슨 얘기냐면, 은유하는 법을 키우란 얘기다. 내가 만든 세 편의 단편 〈5 Minutes〉, 〈완벽한 도미 요리〉, 〈한(汗)〉은 모두 은유하는 법을 키우려고 만든 영화였다. 〈5 Minutes〉는 예외로 둘 수 있겠지만, 두 편에선 대사를 다 걷어냈다. 러닝타임이 10분밖에 안 되는데 대사는 낭비더라. 대사 없이 이야기를 전달하는 법도 알아야 한다고 생각했고 그러려면 은유가 필요했고, 임팩트도 필요했다. 또 이미지와 사운드만으로 이야기하는 기술적 능력도 필요했다. 그런 식으로 단편을 만들면 여러 가지를 공부하게 된다. 단편이 장편의 전 단계라고 여기든 그렇지 않든 짧게 만드는 것은 중요하다. 나 역시도 학교에서의 과제로 단편을 만들었다. 학교에서 선생님께서 20분 미만 혹은 30분 미만으로 영화를 만들라는 디렉션을 주지만 그럼에도 불구하고 나는 영화를 길게 만들지 않았다. 단편을 통해서 자신이 잘하는 것을 증명하려 들지 말고 경험하지 못한 것을 시도하는 기회가 됐으면 좋겠다.

이주현 광고 일을 그만두고 2년 동안 시나리오 써서 만든 첫 번째 단편영화가 〈5 Minutes〉였다. 5분 후를 예견하게 된 사람들이 밀실에서 공포와 혼란에 빠진다는 내용인데, 장편으로 확장해도 재미있을 이야기라는 생각을 했다. 혹시 처음엔 장편으로 기획한 영화였나.

나홍진 나는 그것도 모르고 만들었다. 러닝타임이 몇 분 나올지도 모르고 찍었다. 그랬더니 40분이 나오더라. 그 당시는 필름이니까, 필름으로 촬영해서 색 보정 한 번 하는 데 돈도 만만치 않게 들었다. 제작비가 4천만 원쯤 들었을 거다. 사실 이 영화를 만들고 나서 처절하게 창피했다. 그런데 한 번쯤은 진짜 처절하게 깨져보고 박살나는 경험을 해봐야 하는 것 같다. 〈5 Minutes〉를 만들고 난 이후 새로 시작해야겠다는 생각이 들었고, 본격적으로 학교(한국예술종합학교 영상원) 다니면서 영화를 공부하기 시작했다.

이주현 과거 인터뷰에서 〈5 Minutes〉는 굉장히 소중한 작품이라고 얘기했었다. 〈완벽한 도미 요리〉, 〈한(汗)〉, 〈추격자〉를 찍기 전에도 돌려봤었다고 했는데, 이 작품을 통해서 무엇을 배우고 깨달았나.

나홍진 깨달은 바는, 〈5 Minutes〉에 있는 모든 것을 하지 말자는 것. 이 영화에서 내가 의도했던 모든 짓거리를 하지 말자는 깨달음을 얻었다.(웃음)

이주현 〈완벽한 도미 요리〉는 완벽한 도미 요리를 만들기 위해 자신의 모든 것을 바친 요리사의 최후를 그린 영화였다. 이 영화의 최초의 아이디어나 시발점은 무엇이었나.

나홍진 나의 불안감이었다. 왜 이 작품이 공포영화냐고 물어보시더라. "나는 영화 속 요리사의 처지가 제일 무섭다. 세상에서 제일 무서운 게 이 꼴이다. 나한텐 그게 정말 공포라서 '절대악몽' 부문에 출품했다"

고 답했었다.

나홍진 감독(좌),
이주현 <씨네21> 기자(우)

이주현 영화의 주인공은 완벽한 요리를 만들려 하지만 완벽에 대한 집착이 가져온 것은 결국 허무한 죽음이다. 감독님도 굉장히 완벽을 추구하는 성향인 것으로 알고 있다. 허무적인 결말에 대해 좀 더 설명을 듣고 싶다.

나홍진 당시엔 그게 제일 큰 공포였으니까, 나의 불안감과 두려움을 반영해서 만든 이야기다. 표면적으로는 요리사의 이야기지만 사실 어떤 입장에 있는 그 누구라도 요리사의 마음에 동의할 수 있을 것이라고 생각했다. 허무하고 비극적인 게 싫었나? 나는 비극의 힘을 사랑한다.

이주현 〈한(汗)〉은 땀 흘리며 노동하는 사람과 그들의 노동을 착취하는 사람의 이야기이다. 이 영화야말로 은유적이고 실험적인 작품이다.

나홍진 〈완벽한 도미 요리〉가 수상을 하고 상금을 받게 되었다. 500만 원. 여기저기 다른 영화제에서도 상금을 좀 받았다. 그 상금으로 함께 작업한 배우, 스태프들과 맛있는 것도 사 먹고 술도 마셨다. 그 이후 여기저기서 계속 나를 호명하더라. 배우와 스태프들은 부르지 않고. 우리 같이 일했는데 왜 계속 나만 부르는 걸까 싶어서 만든 영화가 〈한(汗)〉이다. '나 혼자 열심히 땀 흘려서 영화 만든 거 아니다, 그렇게 보지 말아 달라.' 그런 이야기를 하고 싶었다.

이주현 〈한(汗)〉 같은 경우에는 흑백으로 촬영했고, 대사도 없다. 말씀하신 것처럼 내가 잘하는 것보다는 실험하고 싶었던 것, 공부해보고 싶었던 것을 해본 작품이라는 느낌을 받았다.

나홍진 전체가 고속촬영이다. 당시 돈이 없어서 16㎜ 필름으로 찍었다. 35㎜ 필름으로 고속촬영을 하게 되면 필름값이 감당이 안 될 것 같았다. 그렇게 16㎜ 고속촬영으로 초당 1천 프레임까지 찍었던 것 같다. 모든 프레임 수를 경험해보고 싶었다. 영화의 모든 장면이 실사다. 땀이 떨어지는 장면도 실사다. 그 당시 우리가 리허설이 어디 있고 테스트 촬영이 어디 있었겠나. 16㎜ 필름 한 캔을 장착하고 카메라를 돌리면 1천 프레임에 도달하는 데 시간이 1, 2초 걸린다. 1, 2초만에 필름 한 캔이 날아갔다. 그 1, 2초 안에 땀방울이 타이밍에 맞게 떨어질지 어떨지도 모르고, 다들 고생 많이 했다. 〈한(汗)〉의 촬영감독이 오재호 감독인데, 정말 잘 찍는다. 〈황해〉 때 B카메라를 담당했고 최근엔 tvN 드라마 〈응답하라〉 시리즈를 찍었다.

이주현 힘들게 왜 그런 방식의 촬영을 고수해야 했나.

나홍진 제목이 '땀' 아닌가. 그 외엔 땀방울을 잡을 수 있는 길이 없었다. CG는 싫었고. 프레임 상단에서 하단으로 땀방울이 떨어져 내려오는 데 걸리는 시간이 정말 찰나인데, 그걸 클로즈업까지 해서 보여주려면 고속촬영으로 1천 프레임까지 찍어야 했다. 그걸 잡기 위해서 고속카메라를 쓸 수박에 없었다. 오재호 촬영감독과 어떻게 하면 땀을 잡을 수 있을까 얘기도 많이 나눴고, 내가 직접 스포이드 잡고 물도 쏘면서 재밌게 찍었던 기억이 있다.

이주현 당시 촬영감독이 고생 많았을 것 같다.

나홍진 조금 다른 얘기일 수 있는데, 기술 스태프를 바라보는 사람들의 시선에 대해서 요즘 들어 어떤 공통된 느낌을 받는 것 같다. 그들은 어마어마하게 숙련된 장인이고 예술을 하는 아티스트다. 그들은 내가 이리로 가자고 했을 때 무작정 그 길을 따라오는 사람들이 아니다. 나는 그들의 영역을 존중하고 그건 그들도 마찬가지일 것이다. 그렇기 때문에 작업을 할 때 내가 그들의 동의를 구하고 설득을 하는 과정이 중요하다. 영화감독이 수많은 일꾼들을 부리는 직업이라고 오인하시는 분들이 있는 것 같은데 절대 그렇지 않다. 각 분야의 전문가, 아티스트를 모시고 와서 그분들과 함께 조율해 가며 영화를 만드는 것이 내 일이다. 프레임 안에서 내가 하는 일은 사실상 없다. 그분들이 다 한다. 그 안엔 배우도 포함되어 있고. 나는 지휘를 하는 것뿐이다.

이주현 〈한(汗)〉에서 주인공이 닭백숙을 통째로 집어서 닭 머리를 삼키는 장면이 인상적이었다. 〈완벽한 도미 요리〉나 감독님의 장편들도 동물적 에너지가 꿈틀대는 장면들이 많다. 전체적인 기운도 그렇고. 그런 사실적이고 거침없는 연출의 힘은 이미 단편영화에서부터 확인할 수 있는 지점이다.

나홍진 이야기하고자 하는 게 무엇인가가 제일 중요하다. 어떻게 보여주고 싶은가, 어떻게 받아들이게 하고 싶은가, 그런 고민들이 제일 우선이기 때문에 그에 맞는 연출 스타일을 찾게 된다. 그런데 〈한(汗)〉은 미쟝센에서 상영을 안 했는데… 한도 좀 뽑아주시지.(웃음)

이주현 주제적인 측면에선 폭력적인 사회, 인간의 폭력성, 공포라는 감정을 지속적으로 다뤄 왔다. 이러한 주제에 천착하는 이유가 있다면.

〈완벽한 도미 요리〉
(2005)

나홍진 내가 바라보는 세상의 대부분은 밝고 아름답고 깨끗한 것으로 채워진 것 같다. 내가 보기에 세상은 어두운 부분보다 밝은 부분이 더 많은 것 같다. 그러다 보니 드문 것들, 즉 희귀하고 어둡고 끔찍한 것들이 자꾸 내 시선을 끈다. 그래서 자꾸만 보게 된다. 보지 말아야지 싶은데도 다시 돌아보게 되고. 그래서 폭력과 공포라는 무겁고 어두운 주제에 관심을 갖게 되는 것 같다.

이주현 혹시 〈추격자〉, 〈황해〉, 〈곡성〉의 뿌리가 된 단편이 있을까.

나홍진 〈추격자〉로 데뷔하고 인터뷰를 했을 때 이런 이야기를 들었다. "당신의 지난 단편들을 봤는데 당신 장편이 이런 영화일 거라곤 상상을 못 했다. 어떻게 된 일이냐" 그에 반해 〈곡성〉은 '가자, 이제는 보여드리자' 하는 마음이 담긴 영화다. 단편으로의 회귀라고 보아도 될 것 같다. 단편을 만들던 당시의 내가 연출을 할 때 가졌던 태도, 은유와 이미지로 보여주고자 했던 태도로 〈곡성〉을 만들었다. 앞서 〈추격자〉 때 들었다는 그 말에는 '당신은 계속 은유를 해오던 사람인데 왜 이렇게 리얼한 영화를 만들었느냐'는 뜻이 담겨 있다. 〈추격자〉는 영화의 시작 단계에서부터 그런 사실적인 스타일을 필요로 했던 영화이기 때문에 은유적인 영화가 될 수 없었다. 그렇게 〈추격자〉를 만들고 나니 또 다른 곳을 보고 싶어서 〈황해〉를 만들었고, 〈곡성〉으로 다시 단편 때의 스타일로 돌아오게 된 것이다. 그래서 〈곡성〉이 제일 내 이전 단편들과 흡사하지 않나 싶다.

이주현 언젠가는 다시 단편을 만들어보고 싶다는 생각도 하나.

나홍진 그런 생각은 하지 않는다. 지금의 내가 어떻게 단편을 만들 수 있지? 마음은 있어도 방법적으로 힘들 것 같다.

이주현 2009년 제8회 미쟝센 단편영화제 때 '절대악몽' 부문 심사위원을 맡았다. 그 당시 인상적이었던 작품은 무엇인가.

나홍진 조성희 감독의 〈남매의 집〉. 그때 마침 〈남매의 집〉이 대상을 받았다.

이주현 그렇다면 감독님이 최고로 꼽는 한국 단편영화는 무엇인가.

나홍진 〈완벽한 도미 요리〉?(웃음) 잘 모르겠다. 정말 보고 싶었던 영화는 원신연 감독의 〈빵과 우유〉(2003). 너무 보고 싶었는데 작품을 구해볼 방법이 없어서 끝내 못 봤다.

이주현 영화를 제작할 때 가장 적극적으로 해야 할 일과 피해야 할 일은 무엇이라고 생각하나.

나홍진 감독으로서 가장 적극적으로 해야 할 일은 배우와 스태프를 비롯해 그 누구보다도 많이 뛰고, 더 땀 흘리고, 더 잠 못 자야 하는 것이다. 하지 말아야 될 일은 배우나 스태프들보다 덜 뛰거나 덜 땀 흘리거나 더 많이 자는 것이고.

이주현 현재 단편영화를 준비하고 있는 학생들이나 감독 지망생들에게 조언 한마디 해 달라.

나홍진 불안해하는 그 마음을 잘 안다. 나 역시 그랬으니까. 하지만 자신을 믿는 수밖에 없다. 자신을 믿고 가야 한다. 한때는 나도 참 많이 불안해했다. 나 자신에 대한 의심도 들었다. 그런데 자신을 믿게 되는 순간 모든 게 바뀌더라.

이주현 그렇게 자기 확신이 든 순간은 언제였나.

나홍진 광고를 그만둔 이유가 현직의 CF 감독들보다 내가 광고를 더 잘 만들 수 있겠다는 생각이 들었기 때문이다. 당시 머릿속으로 시뮬레이션을 해봤다. 만약 이 광고가 나에게 들어왔다면 나는 어떻게 만들까. 그렇게 머릿속 시뮬레이션으로 내가 만든 광고를 실제 광고와 비교해봤다. 어느 순간 내가 만든 광고가 더 낫다는 생각이 들더라. 물론 실체는 없고 상상 속에서 이루어진 일이지만.(웃음) '내가 더 잘한다, 내가 더 잘할 수 있다'는 생각이 들기 시작하니까 더 이상 그곳에 머물러 있기 싫어졌다. 그 외에 여러 복합적인 이유들까지 겹쳐지면서 광고 일을 그만두고 영화를 하게 됐다. 그런데 영화를 시작하자마자 대차게 깨졌다. 자신감을 잃었고 열등감도 느꼈다. 그런 시기를 통과하고 나니 자신감이 생기는 시기가 오더라. 그 뒤론 자신감 있게 영화에 손댈 수 있었다.

이주현 그 계기가 미쟝센에서의 〈완벽한 도미 요리〉 수상인가.

나홍진 여기선 그렇게 얘기해야겠지.(웃음) 사실 스스로를 쉽게 믿을 순 없을 것이다. 어려운 일이다. '어떻게 하면 스스로를 믿을 수 있을까.' 그 방법은 스스로 찾아야 한다. 하지만 자신을 믿게 되는 순간 세상은 달라진다.

· 나홍진 감독 단편 필모그래피

⟨5 Minutes⟩(2003)

⟨완벽한 도미 요리⟩(2005)

⟨한(汗)⟩(2007)

· 인터뷰어 _ 이주현 (⟨씨네21⟩ 기자)

짧은 영화, 긴 이야기

보이지 않는 길에 더 시선이 간다

- 윤종빈 감독 인터뷰

김성훈(<씨네21> 기자)

윤종빈 감독은 인터뷰 같은 특별한 자리가 아니면 자신의 과거 이야기를 즐겨 하지 않는다. 그건 특별하거나 거창한 이유가 있어서가 아니다. 부산 출신의 과묵한 이 남자가 자신이 겪은 일을 시시콜콜 밖으로 쉽게 드러내는 성격이 아닐뿐더러 자신이 겪은 일에 거창한 의미를 붙이는 것도 썩 좋아하지 않기 때문이다. 평상시 그와의 대화 소재가 대체로 지금 준비하고 있는 영화, 어제 극장에서 본 영화와 배우, 어제 겪었던 인상적인 일화 등 현재와 관련한 이야기들인 것도 그래서다. 10년 전 그가 만들었던 단편이자 2004년 미장센 단편영화제 '희극지왕' 부문 최우수상을 수상했던 〈남성의 증명〉(2004)을 포함해 이듬해에 만든, 그의 장편 데뷔작이자 한국 영화계에 윤종빈이라는 이름 석 자를 알리게 해준 〈용서받지 못한 자〉(2005)에 대한 얘기를 나눈다는 건 기억을 어렵게 더듬어야 하는 일이었다. 〈남성의 증명〉이라는 영화가 다소 낯선 요즘 관객들을 위해 간략하게 소개하자면, 이 영화는 군대 다녀온 경상도 출신의 복학생 태정이 우연히 룸메이트 인규와 함께 지혜를 만나 그녀에게 첫눈에 반하면서 시작되는 이야기다. 태정이 지혜의 연락을 기다리던 중, 인규가 외박을 하고 집에 들어오자 태정은 인규와 지혜의 관계를 의심한다. 혈기왕성한 20대 남성의 욕구를 유머러스하게 묘사한 이 작품은 (결과론적인 이야기지만) 남들에게 인정받고 싶어 하고, 자신을 과시하려는 한국 남성을 묘사했다는 점에서 이후 만들어진 〈비스티 보이즈〉(2007), 〈범죄와의 전쟁: 나쁜 놈들 전성시대〉(2011, 이하 〈범죄와의 전쟁〉) 등 윤종빈 감독의 영화 속 한국 남성들의 출발점이 된다(하지만 윤종빈 감독 스스로는 이 연결성에 큰 의미를 부여하지 않는다). 작품 외적으로는, 〈남성의 증명〉은 윤종빈 감독이 대학 시절 처음 완성한 단편이자 관객들에게 처음 소개돼 인정을 받은 작품이었다. 또, 그해 미쟝센 단편영화제에서 수상하면서 받은 상금 500만 원은 첫 장편 〈용서받지 못한 자〉를 만드는 데 투입이 되기도 했다. 현재 윤종빈 감독은 12월 촬영을 목표로 신작 〈공작〉을 준비하는 데 여념이 없다. 어떤 이야기일지 아직 구체적으로 드러난 건 없지만, 제목만 보면 그가 지금까지 만들어온 영화와 다른 도전이 될 것 같다(제목부터 첩보 영화 느낌이 들지 않는가). 윤종빈 감독은 지난 4월 한 달 동안 장률 감독의 신작 〈춘몽〉에 배우로 출연하기도 했다. 〈춘몽〉은 익준(양익준), 정범(박정범), 종빈(윤종빈) 등 한 동네에서 어울리는 세 남자가 예리(한예리)의 마음을 얻으려 하면서 벌어지는 사랑 이야기다. 〈베를린〉(2012)에서처럼 잠깐 등장한 역할이 아니라 역시 배우로 출연한 양익준, 박정범 감독과 함께 이야기를 지탱하는 세 축 중 하나를 맡은 것이었다. 이처럼 이야기의 처음부터 끝까지 출연한 건 〈용서받지 못한 자〉 이후 거의 11년 만이다.

 하루 한 편 단편 시나리오 쓰기

김성훈 단편 〈남성의 증명〉은 제대하고 난 뒤 학교(중앙대 연극영화과 98학번)에 복학해서 쓴 시나리오라고 들었어요. 그때 당시에 이런 이야기를 해야겠다고 생각한 특별한 계기는 무엇이었나요. 오랜만에 영화를 다시 보니 윤종빈 감독 개인적인 경험처럼 보이기도 했어요.

윤종빈 지금 정확하게 기억이 잘 나진 않지만, 당시 복학해서 단편 한 편을 찍어야 됐어요. 뭘 찍을까 고민을 하다가… 그때 제가 좋아했던 영화들이 우디 앨런, 마틴 스콜세지, 프란시스 포드 코폴라의 영화들이었거든요. 물론 지금도 좋아하지만 말이죠. 잘 찍을 수 있는 게 무엇일까 고민을 해봤더니 제 또래 남자 이야기를 하는 게 맞겠다 싶었어요. 아마도 그렇게 시작한 이야기인 것 같아요.

<남성의 증명>(2004)

김성훈 제대하고 학교에 복학한 뒤 매일 단편 시나리오 한 편씩 쓴 걸로 알고 있어요. 당시 어떤 고민 끝에 세운 목표였나요. 학교 수업 들으랴, 아르바이트 하랴, 매일 단편영화 한 편씩 쓰는 건 물리적으로도 쉽지 않은 일이었을 텐데.

윤종빈 목표라기보다는 제가 부산 출신이라 서울에 연고가 전혀 없었어요. 군대 가기 전에는 학과 수업이 끝난 뒤 자취방에서 친구들과 함께 영화도 보고, 밥도 먹고, 술도 마셨는데, 군대 갔다 오니 학교에 아는 사람들이 하나도 없더라고요. 복학생이 집에 오면 할 게 아무 것도 없더라고요. 그래서 매일 집에 오면 영화 한 편씩 보고, 밤에 단편 시나리오를 한 편씩 썼던 거예요.

김성훈 그땐 어떤 시나리오를 주로 썼는지 궁금합니다.

윤종빈 대부분 코미디 장르였어요. 지금도 기억나는 게 그때 DVD방이 유행했었잖아요. 신기했던 게 DVD방, 노래방, 찜질방 등등 한국에는 왜 방이 많을까, 그런 생각을 하다가 내린 결론이 젊은 애들이 돈이 없으니 놀 수 있는 공간이 없는 거예요. 그래서 상대적으로 저렴한 각종 방에 가는 거예요. 이성친구와 함께 그런 방에 가서 사랑을 나누는 이야기를 썼어요. 복학생이 짝사랑하는 이야기도, 이와이 순지의 〈4월 이야기〉(1998)의 영향을 받아 쓴 〈9월 이야기〉도 있었어요.(웃음) 현실적으로 찍을 수 있고, 잘 아는 이야기를 많이 썼어요. 그중 하나가 수업 과제로 단편 한 편을 찍어야 해서 만들었던 〈남성의 증명〉이었어요.

김성훈 대학교 1, 2학년 때는 단편을 만들지 않았나요. 실습수업에서 워크숍을 많이 했을 텐데요.

윤종빈 1학년 때는 아무 생각 없이 학교 다니면서 선배들 영화에 스태프로 참여해 도와줬어요. 식당에 가서 술 마시며 영화 이야기하고. 사람들과 함께 어울릴 수 있는 시간이 사라지면서 영화 만들기에 집중하게 됐어요. 제대하고 난 뒤라 미래가 걱정되기도 했고, '영화를 하며 먹고살기로 한 이상 잘해야 될 텐데' 같은 생각도 강했던 것 같아요. 〈남성의 증명〉은 처음으로 완성한 단편영화였어요.

김성훈 그 전에 찍은 단편은 완성하지 못했나요.

윤종빈 음, 2학년 때 실습으로 찍은 10컷짜리 영화가 있긴 했어요. 과제 제출용이라 큰 의미를 부여하진 않았어요.

김성훈 〈남성의 증명〉은 복학생의 욕망을 유머러스하게 풀어낸 코미디 영화였어요. 〈비스티 보이즈〉의 호스트들, 〈범죄와의 전쟁〉의 주인공 최익현(최민식)과 겹치는 부분이 많아 보였어요. 혹시 그 주인공 캐릭터는 당시 '복학생 윤종빈'을 모델로 만든 인물이었나요.

윤종빈 그건 아니고요. 제가 그런 막무가내 같은 인간도 아니고.(웃음) 그런 건 있어요. 경상도 남자다 보니 오랫동안 부산에서 살다가 서울에 오게 되면 서울과 다른 성향이 드러나잖아요. 서울과 다른 행동, 그 차이에서 오는 괴리감을 코미디로 만들려고 한 건 사실이지만, 그렇다고 해서 제 모습을 캐릭터로 만든 건 아니었어요. 사실 친구 중 한 명을 모델로 만들었어요. 서울 생활을 하다가 염증을 느낀 뒤 부산으로 완전히 내려간 친구였어요. 부산에 내려갈 때 저한테 드라마 〈서울의 달〉의 한 장면처럼 "형, 나 서울이 싫어" 하면서 말이에요. 꽤 애잔했죠.(웃음)

김성훈 그때 몇 회차 촬영했어요.

윤종빈 정확히 16㎜ 필름 카메라로 5회차 찍었어요. 넉넉지 못한 후반 작업 비용 때문에 필름이 아닌 디지털로 완성했어요.

김성훈 로케이션 촬영 비중이 많은 영화더라고요. 인원 통제가 어렵고 경험이 없는 학생이었던 까닭에 제작 진행이 힘들었을 것 같아요.

윤종빈 학생 영화다 보니 섭외가 어려운 동시에 쉬운 부분도 있었어요. 큰 돈을 요구하시는 분들도 많지 않고. 다만, 모든 스태프들이 학생들이라 기술적으로 미흡한 게 많았어요. 농시녹음을 했는데 후반 작업에서 체크해보니 소음 때문에 사운드를 거의 쓸 수 없겠더라고요. 임기응변으로 끝냈는데, 암튼 그런 게 좀 힘들었어요. 그때만 해도 이 영화가 수업에 제출해 교수님과 학생들을 상대로 튼 뒤 학점 받고 끝날 줄 알았어요. 영화제에 출품하겠다는 생각은 전혀 해보지 않았는데, 미쟝센 단편영화제에서 덜컥 상을 받을 줄 몰랐죠.

김성훈 미쟝센 영화제에서 첫 상영했을 때 기억나시나요. 반응이 어땠어요. 일반 관객들이 영화를 어떻게 볼까 긴장하셨을 것 같은데.

윤종빈 그때 영화제에 많이 못 갔어요. 아르바이트를 많이 하고 있었고, 4학년 졸업 작품 준비 때문에 한창 바빴어요. 영화제가 끝나면 바로 졸업영화 촬영에 들어가는 상황이라 제 영화 GV가 있을 때 한 번, 폐막식 때 오라고 해서 한 번, 총 두 번 갔어요. 영화제 상영 경험이 없어서 첫 공개할 때 사람들이 어떻게 봐주실까 너무 긴장했어요. 그런데 생각했던 것보다 많이 웃어주시더라고요. 영화가 아주 엉망은 아닌가 보다 정도만 생각했어요. 수상은 전혀 생각도 안 했죠. GV 하러 갔을 때 다른 섹션의 단편들도 봤어요. 너무 좋은 작품들이 많더라고요. 이경미 감독의 〈잘돼가? 무엇이든〉(2004), 김종관 감독의 〈폴라로이드 작동법〉(2004) 등, 그 작품들이 내 영화보다 훨씬 좋았어요. '완성도도 수준 차이가 많이 난다.' 그런 자극을 받으면서 집에 갔는데, 무슨 이유인지 몰라도 폐막식에 참석하라고 전화가 왔더라고요. 갔더니 상을 주셨는데 너무 놀랐어요. 당황했고.

김성훈 그때 받은 상금이 500만 원이었다고.

윤종빈 네, 그걸 〈용서받지 못한 자〉 제작비로 투입했어요.(웃음)

김성훈 〈용서받지 못한 자〉는 장편이 아
닌 단편으로 출발했다고 들었어요.

윤종빈 처음에는 극장에서 본 영화처럼
되게 긴 사연이 있었던 이야기는
아니었어요. 승영(서장원)이가 태
정(하정우)이를 찾아와 군대 시
절 이야기를 하다가 승영이가 태
정이를 구타한 뒤 가둬 놓고 고문
하는 그런 장르영화였어요. 군대
시절 이야기가 플래시백으로 슬
쩍 오가는, 긴장감이 있는 상황극이었는데, 가해자와 피해자가 단
순하게 구분되고, 그러다 보니 인물들이 너무 평면적이라서 내 취향
과 안 맞더라고요.

김성훈 그래서 장편으로 늘린 건가요.

윤종빈 처음에는 이런 이야기를 할 거면 못 찍겠다 하다가 그들의 사연을
사실적으로 풀어보자 해서 이야기를 바꾸기 시작했어요. 처음 썼던
시나리오가 26, 27페이지 정도였는데 이야기를 바꾸고 나니까 무려
70페이지가 나오더라고요. 그런데 뒤에 쓴 게 더 마음에 들었어요.
이 버전을 찍고 싶어 장편으로 바꾸게 됐어요.

김성훈 휴가 나온 군인이 자살을 한다는 아이디어는 제대하고 나서 쓴 시
나리오 중 하나였나요. 아니면 졸업 영화를 찍기 위해 새로 쓴 이야
기였나요.

윤종빈 휴가 나온 군인 이야기는 아마도 군대 다녀온 영화과 남학생들이 한 번쯤 써봤을 거예요.(웃음) 살면서 겪은 가장 강렬했던 경험이었으니까. 사춘기 이야기, 저는 안 겪어봤지만 재수생 시절 이야기와 함께 휴가 나온 군인 이야기는 대학생이 쓴 단편 시나리오 중에서 가장 많을 거예요. 저도 〈용서받지 못한 자〉 말고 쓴 휴가 나온 군인 이야기가 또 있어요.(웃음) 고참 병사와 함께 외박을 나와 어떤 일을 겪는 그런 이야기였는데, 결국 〈용서받지 못한 자〉를 만들게 된 거죠.

김성훈 당시 군대의 어떤 면 때문에 영화로 만들 생각을 했나요. 지금도 마찬가지지만, 당시만 하더라도 군대라는 공간은 한국 영화에서 속살이 제대로 드러나지 않은 공간이었어요.

윤종빈 제대한 뒤 군 생활 생각을 되게 많이 했어요. 고참이 돼서 변했을 때나, 제대한 뒤 어떤 삶을 살아야겠다 같은 고민들에 대해서 말이죠. 구체적으로 어떤 주제를 가지고 생각했다기보다는 군대 이야기를 한 번은 해야겠다고 생각했어요. 당시 군대 이야기 하면 희화화되거나 무용담으로 포장된 이야기가 많지 않았잖아요. 반면 군 생활을 사실적으로 묘사한 이야기는 없었고. 그동안 왜 없었는가 생각을 해보니 어떤 남자도 군에 관한 진실을 꺼내지 않았던 것 같아요. 나 역시 그런 생각을 해본 적이 없었고, 어디에도 얘기하지 않았고. 망각하고 싶어 하고, 자기 방식대로 기억하고 싶어 하죠. 군대 가기 이전에 내가 한국 사회에 느꼈던 여러 가지 모순들, 도대체 왜 이런 거지 했던 의문들이 군대를 다녀오면서 이해가 됐던 거죠. 이 이야기를 통해 한국 사회의 한 단면을 보여주는 거라고 생각했어요. 인간 본성과 사회적인 거대 개념이 영향을 끼치는 그 사이의 사람을 보여주고 싶었고요. 그 접점에 대해서 말하고 싶었어요. 그런 고민이 〈용서받지 못한 자〉의 출발점이 된 것 같아요.

김성훈 단편에서 출발했다가 장편으로 만들 결심을 하기까지는 쉽지 않았을 것 같아요. 장편은 단순히 단편에서 양을 늘리는 개념이 아니니까요.

윤종빈 맞아요. 앞에서 잠깐 말씀드렸듯이 장편을 염두에 두고 쓴 게 아니에요. 먼저 쓴 대본으로는 절대 못 찍겠는 거예요. 감금해서 고문한다는 설정이 너무 장르적이었고, 그게 말이 되는가 싶었어요. 그렇다고 해서 당시 제가 영화를 많이 찍어봐서 기술적으로 뛰어난 감독도 아닌데다가 주변의 누군가로부터 기술적인 도움을 받을 수 있는 상황도 아니었거든요. 무척 막막했어요. 그저 할 수 있는 건 사실적인 이야기를 쓰고, 사실적으로 찍는 것뿐이었어요. 그래서 군대 시절 이야기를 휴가 나온 승영의 하룻밤 사이에 쪼개어 배치하는 구조로 썼더니 시나리오가 장편이 된 거예요. 하고 싶었던 이야기를 하기 위해 쓴 게 저절로 장편이 된 셈이죠. 그러면서 연출부를 거치지 않고 자연스럽게 데뷔를 하게 됐어요.

김성훈 당시 지도교수였던 이현승 감독은 장편으로 만들겠다고 하니 어떤 반응을 보였나요. 요즘은 한국영화아카데미나 영상원에서 장편을 제작하는 경우가 많아졌지만, 당시만 하더라도 연극영화과에서 졸업 작품으로 장편을 찍는 경우는 거의 없었잖아요.

윤종빈 결코 장편이 쉽지 않다, 처음에는 이현승 감독뿐만 아니라 선후배, 동기들도 다 말렸어요. 제 앞에서 무슨 얘기를 한 적은 없지만, 뒤에서는 미친놈이나 정신 나간 놈으로 생각했을 수도 있겠죠. 어떤 얘기가 오갔는지는 모르지만, 교수님은 "완성할 수 있겠냐, 못하면 졸업 못 한다"고 얘기해줬어요. 저 역시 이쪽(이야기)에 꽂혔으니 되돌릴 수 없었고요. 학교 졸업 작품으로 장편을 찍은 경우는 없던 까닭에 선후배들이 많이 도와줬어요. 하정우 씨도 출연해주셨고. 또, 디지털 카메라가 막 쏟아지던 시기라 도전할 수 있었던 것 같아요. 필름으로 찍어야 했다면 생각도 못했을 거예요. 필름으로 찍더라도 기술적으로 훨씬 힘들었을 거예요. 회차가 늘어나고, 그러면서 제작비도 어마어마하게 불어나니까. 디지털 카메라라면 충분히 할 수 있겠다, 그러니 해봐야 되겠다는 생각이 컸어요.

김성훈 그때 투입된 제작비가 얼마였나요. 학생 신분으로 장편 영화 제작비를 충당하기가 쉽지 않았을 것 같아요.

윤종빈 미쟝센에서 받은 상금 500만 원과 단편 시나리오를 써서 받은 영화진흥위원회 독립영화제작지원비 700만 원 그리고 집에서 지원받은 500만 원 합쳐서 총 1700만 원 정도로 시작했어요. 잘 생각나지 않지만, 사십 몇 회차로 찍었던 것 같아요.

김성훈 꽤 길게 찍었네요.

윤종빈 처음부터 사십 몇 회차로 계획해 진행한 건 아니에요. 일반적으로 러닝타임이 30분 내외의 단편영화는 한 5회차면 찍잖아요. 그걸 단순하게 계산해서 14번 정도 찍으면 완성할 수 있으니 조금만 고생하자고 생각한 거죠. 스태프 모두 장편 영화를 찍어본 적이 없었으니까. 그렇게 생각하고 출발했는데 2주 동안 전체 분량의 1/3도 못 찍었어요. 그러면서 (하)정우 형은 〈잠복근무〉(2005)라는 상업영화에 비중 있는 조연으로 캐스팅돼 그걸 찍으러 가시고. 자연스럽게 촬영을 쉬게 됐어요.(웃음) 그러다가 정우 형이 돌아오면 다시 모여서 2주 정도 찍고, 다시 각자 일하러 가고, 그런 식으로 완성을 했죠.

김성훈 그렇게 장편을 완성해보니 어땠나요.

윤종빈 매일 현장에 변수가 너무 많았어요. 기술적으로 감당이 안 돼서 문제가 계속 생겼어요. 장편을 잘 몰랐으니까. 어떻게 해서든 문제를 해결해보려고 안간힘을 쓰면서 했는데 너무 재미있었어요. 아마추어 학생들이 기술 스태프를 맡아야 했고, 특수분장 스태프가 없어서 조감독이 피도 직접 만들었어요. 세트도, 소품도 모두 직접 만들고. 스태프 모두 직접 몸으로 부딪히면서 즐겼던 것 같아요. 야, 되네.(웃음) 하면서. 그 힘으로 완성했던 것 같아요.

김성훈 그 전에 〈남성의 증명〉을 찍은 게 도움이 됐나요. 단편영화를 안 찍고 장편 연출에 도전했더라면 어땠을 것 같아요.

윤종빈 당연히 장편 도전을 하지 않았겠죠. 단편을 만들어봤으니까 말이 되게 완성할 수 있겠다는 가능성을 가지고 뛰어든 거죠. 짧은 것도 말이 되게 못 찍는데 어떻게 긴 걸 찍을 생각을 하겠어요.

김성훈 당시 현장에서 시행착오였던 것 중에 생각나는 일화가 있으신가요.

윤종빈 시행착오를 엄청 많이 겪었어요. 그중에 생각나는 게 있다면… 테이크를 너무 많이 갔어요. 다른 감독님들은 어떻게 생각하실지 모르겠지만, 테이크를 많이 가는 건 감독으로서 찍은 게 좋은 건지, 그렇지 않은 건지 잘 모르기 때문인 것 같아요. 스스로 기준이 확립되어 있지 않은 까닭에 불안하니까 자꾸 찍는 거죠.

김성훈 데이크가 거듭될수록 좋은 연기가 나오는 배우노 있지 않나요.

윤종빈 테이크를 많이 가야 좋은 감독인 것처럼 생각하는 경우도 많은데, 제가 봤을 때는 잘 몰라서 많이 찍는 것 같아요. 지금은 현장에서 기술적으로 문제가 없으면 빨리 결정해요. 프리 프로덕션을 철저하게 준비하고, 숏 들어가기 전에 완벽하게 리허설을 하면 숏 들어갈 때 여러 번 찍을 필요가 없어요. 어쨌거나 당시 가장 큰 문제는 제가 테이크를 많이 갔다는 사실이었던 것 같아요.

김성훈 〈용서받지 못한 자〉가 의미가 있다면 학교 졸업 작품으로 제작을 시작했다가 청어람의 배급으로 극장에 개봉이 됐다는 사실일 거예요. 제작부터 상영까지 전 공정을 직접 겪었다는 건 흔한 경험은 아니었을 것 같아요.

윤종빈 그러니까 이 영화는 제가 생각할 수 있는 결과에서 항상 최고치 이상이 나왔던 것 같아요. 영화가 그렇다는 얘기가 아니라 결과들이 말이죠. 단편에서 출발해 장편으로 만들어지고, 그렇게 고생하며 만든 영화가 칸영화제 '주목할만한 시선' 부문에 초청되고, 이후 극장에 개봉하게 됐어요. 당시에는 나이가 어렸고, 경험이 없었던 까닭에 영화가 극장에 개봉한다는 사실이 무슨 의미인지 몰랐어요.

김성훈 처음 편집 완성본은 170분가량이었다가 121분으로 줄였다고 들었어요. 편집 과정에서 어떤 장면이 빠졌나요.

윤종빈 시나리오를 쓸 때는 필요하다고 생각했는데 다 찍고 보니 불필요한 장면이 있었어요. 이야기의 흐름상 호흡 문제, 수위 문제 등이 있는 장면도 뺐어요. 시나리오에서는 전역하는 태정이가 내무반에 혼자

남은 승영이와 뻘쭘하게 마주치는 장면이 있었지만 없어도 될 것 같아서 뺐어요. 그런 장면을 포함해 뺀 부분이 좀 있었어요.

김성훈 어쨌거나 단편 〈남성의 증명〉 속 남성들은 〈비스티 보이즈〉, 〈범죄와의 전쟁〉, 〈군도: 민란의 시대〉(2013) 등 이후 만들어진 작품 속 남들로부터 인정받고 싶어 하는 한국 남성들의 출발선인 셈이에요.

윤종빈 영화를 만들 때는 그런 생각을 구체적으로 하지도 않고, 그런 생각을 하면서 영화를 만드는 것도 아니에요. 만들다 보니 그런 연결성이 생기는 것 같기도 하고요. 제가 소위 말해서 멋지거나 판타지화된 남자를 안 그려서 그렇게 생각하실 수도 있어요. 제 영화 속 남자들은 좀 찌질해 보이고, 아버지 세대들의 전형적인 모습을 화면에 담다보니 그렇게 느껴질 수도 있어요. 개인적으로 아버지 세대들의 남성들에게 관심이 많아요. 그래서 그때 당시 정치, 사회, 문화와 관련된 책도 많이 읽고, 자료도 많이 찾아봐요. 그분들은 한국을 지금의 나라로 만들기까지 다방면에서 공헌을 크게 했던 사람들이잖아요. 대한민국의 근간을 만들어냈다고나 할까요. 그 과정에서 드러나는 사회적인 모순들이나 문제에 관심이 많아서 평소 그쪽으로 눈여겨봤던 것 같아요.

 영화는 내가 몰입할 수 있는 유일한 일

김성훈 미쟝센 단편영화제 수상이 당시 윤종빈 감독의 삶에 끼친 영향은 아무래도 다음 영화인 〈용서받지 못한 자〉의 제작비 일부를 충당했다는 점일 것 같아요.

윤종빈 그렇죠.

김성훈 〈용서받지 못한 자〉가 칸에 간 건 이후 영화를 만드는 데 어떤 영향을 끼쳤나요. 하정우 씨에게 칸국제영화제 하면 〈용서받지 못한 자〉 때의 기억이 생생하다고 하더라고요. 칸 숙박비가 비싼 까닭에 한 시간 거리에 있는 니스에서 묵었고, 한국 영화인들과 술을 마시다가 막차가 끊겨 땀에 밴 턱시도를 입은 채로 윤(종빈) 감독과 함께 버스 정류장에서 밤을 샜으며, 둘이서 뤼미에르 극장 앞에서 마틴 스콜세지와 로버트 드니로처럼 좋은 감독, 좋은 배우가 되자고 큰 소리로 외쳤다고 얘기해주셨어요. 그래서 〈아가씨〉가 칸 경쟁 부문에 초청받았다는 얘기를 들었을 때 그때 기억이 떠올랐다고 하시더라고요. 또, 언젠가는 윤종빈 감독과 함께 경쟁 부문에 갈 거라고 말씀하셨습니다.

윤종빈 당시 칸영화제가 처음이라 어리둥절했어요. 칸에 간다는 게 무슨 의미가 있는지 잘 몰랐을 때였어요. 학교를 막 졸업했으니 몰랐던 게 당연하죠. 세상 사람들은 칸이 세계 최고의 영화제라고 얘길 하잖아요. 그런 영화제에 가게 돼 정말 기뻤고, 그곳에서 유명한 감독들을 만났어요. 모든 게 신기했고, 다시 오고 싶어 했겠죠. 하지만 칸영화제를 목표로 영화를 만드는 건 아닌 것 같아요. 제가 영화를 하는 이유는 내가 할 수 있는 유일한 일이고, 재미있게 몰입할 수 있는 유일한 일이기 때문이에요. 어떤 영화를 찍어야겠다고 꽂힐 때가 있어요. 그때 하고 싶은 이야기를 써 내려가는 거예요. 그것 말고는 영화를 만드는 특별한 동기나 목표는 없어요. 그저 함께 작업했던 사람들에게 폐를 끼치지 말자뿐이에요. 특정 이야기를 하려는 구체적인 목표가 있어야 하고, 그건 영화마다 달라요. 분명한 건 감독으로서 정확한 동기를 가져야 영화를 만들 수 있다는 사실이에요. 나머지는 부차적인 문제예요.

김성훈 연출부나 조감독 경험이 있는 다른 감독과 달리 한 번도 누군가의 연출부를 한 적이 없어요. 대학 다닐 때 연출부나 조감독 경험을 쌓아야겠다는 생각을 해보신 적은 없으세요?

윤종빈 그런 생각을 해보지 않은 건 아니었어요. 첫 단편을 찍은 뒤 곧바로 찍은 졸업영화 〈용서받지 못한 자〉가 장편 데뷔작이 되면서 자연스럽게 감독 입봉을 한 것 같아요.

김성훈 평소 영화 속 어떤 배우가 연기를 잘하고 못하고를 떠나서 배우가 캐릭터에 잘 어울리는지, 안 어울리는지를 중요하게 생각하시는 것 같아요. 캐스팅과 관련해 영화감독이 되려는 영화학도들에게 해줄 수 있는 조언이 있다면요.

윤종빈 시나리오를 쓰는 과정에서 특정 배우가 생각나면 그 배우를 떠올리면서 대본을 다시 보세요. 그러면 이야기가 다르게 보여요. 이 배우를 떠올릴 때와 저 배우를 떠올릴 때는 느낌이 확실히 달라요. 저마다 장단점이 있어요. 어떤 게 재미있을지는 감독 본인이 판단하는 거예요. 러닝타임이 2시간 가까이 되는 영화에서 가장 눈에 보이는 게 배우잖아요. 그러니 배우가 가장 중요할 수밖에 없어요. 물론 모든 영화가 그런 건 아니겠지만, 미술 같은 분야는 제작비가 많을수록 컨트롤하기 편해요. 하지만 배우의 역량에 달려 있는 연기는 감독이 크게 관여할 수 없어요. 다만, 이야기를 잘 전달하기 위해 어떤 배우를 써서 어떤 해석으로 전달하는가는 감독 개인의 문제예요.

김성훈 현장에서 윤종빈 감독이 배우들과 소통할 때 특별한 비결이나 방식이 있나요. 개인적으로 윤종빈 감독의 주문은 굉장히 간결하고, 누가 들어도 쉽다는 생각을 한 적 있어요.

윤종빈 맞아요. 특별한 방식이나 노하우는 없어요. 감독이 배우를 컨트롤한다는 말은 적절하지 않은 표현이에요. 감독은 전체를 보는 사람이고, 그 역할의 중요성을 부인할 순 없어요. 하지만 배우들 역시 감독과 마찬가지로 자신의 이름을 걸고 연기를 하는 거잖아요. 그건 다른 기술 스태프들도 마찬가지고요. 배우들에게 거창하게 주문을 하기보다는 알아듣기 좋게 전달하는 게 좋은 것 같아요. 가장 좋은 감독의 주문은 '(방금 했던 연기보다 행동을) 조금만 빨리 했으면 좋겠다, 조금만 늦게 보여주면 좋겠다' 정도인 것 같아요. 촬영하기 전에 어떤 영화를 만들 것인지에 대해서 감독과 배우가 충분한 대화를 나눴기 때문에 촬영 현장에서 복잡한 대화를 할 필요는 없는 것 같아요. 배우가 했던 연기를 본 뒤 '이건 보여줬으면 좋겠다, 이건 안 보여줬으면 좋겠다' 같은 내용만 분명하게 전달하면 될 것 같아요.

김성훈 그 말뜻을 잘 알아듣는 배우가 있는 반면, 현장에서 긴장을 많이 해서 배우의 심리 상태가 위축된 경우에는 돌파할 수 있는 비결이 있을까요.

윤종빈 프로페셔널한 배우도 많지만, 연기 경력이 적어 카메라 연기에 적응하지 못하고 어려워하는 배우들도 많아요. 그럴 때일수록 더 직접적인 주문을 해줘야 돼요. 감독이 배우의 연기를 왜 마음에 안 들어 하는지도 분명하게 전달해줘야 돼요. 설령 그 친구는 모르더라도 감독인 내가 이 부분을 이렇게 수정해주면 연기가 더 좋아질 것이라고 판단해야 돼요. 좀 더 쉬운 예를 들자면, 어떤 장면을 찍을 때 고개를 숙인 채 대사를 해야 자연스러운데, 맞은편에 앉은 상대 배우를 보면서 대사를 해서 부자연스럽다거나 이 친구(배우)가 현장 분위기 때문에 얼어서 불편해 보이면 감독이 그에게 직접적인 행동을 만들어서 보여주면 돼요. 가장 순수한 연기는 배우가 다른 생각을 하지 않고, 행위에 집중하는 거예요. 음식을 먹는 연기라면 그냥 음식을 먹으면 돼요. 담배에 불을 붙이는 연기는 (직접 담배에 불을 붙여 보이며) 이렇게 하면 돼요. 목적 없는 행동이 순수한 연기예요. 이런 행동이야말로 캐릭터의 감정과 행동을 좀 더 입체적으로 보여줄 수 있어요. 현장 상황이 저마다 다르겠지만, 감독이 주문을 최대한 자세하고, 정확하게 하면 배우가 충분히 입체적인 캐릭터를 만들어낼 수 있을 거예요.

<용서받지 못한 자>
(2005)

 쉽게 할 수 있는 이야기를 만들고 싶진 않았다

김성훈 〈용서받지 못한 자〉로 데뷔한 뒤 신작을 준비하고 있는 지금까지 지난 10년이 넘는 시간 동안 단편영화를 한 편도 찍지 않았어요. 종종

단편 작업을 하는 나른 감독님들처럼 난편을 찍고 싶은 생각은 없
었나요.

윤종빈 찍어야겠다는 생각을 안 해본 적은 없어요. 예전에 단편 연출 제안
이 들어온 적이 있어 한번 찍어보려는 생각을 하긴 했어요.

김성훈 그게 언제였나요.

윤종빈 〈범죄와의 전쟁〉이 끝난 뒤 인권영화 프로젝트 연출 제안이 들어
온 적이 있어요. 그런데 저는 두 가지 일을 동시에 절대 못 해요. 머
릿속에서 일을 한꺼번에 해야 되는데, 그게 안 되는 거예요. 장편
을 만들면서 단편과 광고 영상을 작업하시는 감독님들은 타고 나
신 분들이에요. 당시 〈군도: 민란의 시대〉 준비를 하고 있었는데, 인
권영화 프로젝트를 받아들이면 엄청난 스트레스를 받을 것 같았어
요. 당시 몸도 안 좋았고 해서 죄송하다는 말씀을 드리고 거절을 했
어요. 광고 연출 제안도 종종 들어왔는데, 그것도 같은 이유로 절대
못 찍겠는 거예요. 새로운 일 때문에 스트레스를 받는 게 너무 싫
었어요. 당시 제게 〈군도: 민란의 시대〉라는 작품은 의미가 컸어요.
그전까지 사실적인 작품들을 주로 찍었다면 감독을 한 뒤 처음으로
장르 영화를 한번 찍어봐야겠다는 생각에서 출발한 작품이었으니
까. 그래서 그때는 온 신경을 그 영화에 쏟아부어야 했어요.

김성훈 그게 감독으로서 좋은 경험이 됐을 것 같아요. 나중에 좋은 시기에
좋은 기회가 온다면 단편을 찍을 수 있겠네요.

윤종빈 네, 〈군도: 민란의 시대〉는 그전에 해왔던 시도와 다른 도전을 했
다는 점에서 재미있었어요. 그 영화를 찍은 뒤에 다른 사람의 영화

를 볼 때 이전까지 가졌던 시선과는 다른 시선으로 영화를 바라보는 데 도움이 많이 됐던 것 같아요. 영화를 폭넓게 볼 수 있는 시선이 생긴 것 같아 많은 해소가 되었어요. 그런 점에서 저는 단편영화보다는 빠른 시일 내에 저예산 장편영화를 만들고 싶은 마음이 커요. 장르성이 배제된, 진짜 이야기를 해보고 싶다는 생각을 많이 하고 있어요.

김성훈 감독님께서는 2009년, 2012년, 2014년 미쟝센 단편영화제에서 세 차례나 심사위원으로 심사하신 적이 있습니다. 개인적으로는 외국 단편영화와 비교했을 때 한국 단편영화의 러닝타임이 지나치게 긴 게 아닌가라는 생각도 한 적 있는데요. 심사위원으로서 단편영화를 볼 때 러닝타임이 긴 것에 대해 어떤 생각을 하시는지요.

윤종빈 저도 첫 단편영화를 30분으로 찍은 까닭에 러닝타임에 대해 말할 수 있는 자격이 되는지 모르겠어요.(웃음) "짧게 만들어"라고 얘기하는 건 말이 안 되는 것 같고, 20분이든 30분이든 재미있게만 찍는다면 무슨 상관이 있겠어요. 하지만 말씀대로 단편영화를 심사하다 보면 불필요한 장면이 너무 많긴 해요. 그럴 땐 과감하게 자르거나 함축적으로 의미를 전달할 수 있도록 편집하면 되는데 사실 그게 쉽진 않죠. 경험 많은 편집감독이 편집을 하는 상업영화와 달리 단편영화는 감독이 직접 편집을 하잖아요. 그러다보니 상업영화처럼 누군가가 옆에서 '이건 지루한 장면이니 잘라야 한다'고 조언을 해주는 사람이 없어요. 그러다 보니 대체로 단편영화의 편집은 장황스러울 때도 있는 것 같아요.

김성훈 직접 편집을 할 때 도움이 될 만한 팁을 부탁드려도 괜찮을까요.

윤종빈 쉽진 않겠지만, 스스로에게 냉정해야 돼요. 영화는 특정한 의도가 있지 않는 한 반복해서 보여줄 필요가 없어요. 지루한 부분은 잘라야 하고요.(웃음)

김성훈 심사를 하면서 요즘 단편영화가 감독님이 단편을 만들었던 2000년대 초중반과 달라진 부분이 있다고 생각하신 적이 있나요. 그렇다면 어떤 부분이 달라졌는지 말씀 부탁드릴게요.

윤종빈 장르영화가 많긴 해요. 제가 첫 단편을 만들었을 때는 사실주의 영화가 많았어요. 홍상수 감독님 영화 같은 구조도 많았던 것 같고. 최근 장르영화가 많아진 건 한국 영화산업의 트렌드 같기도 하고, 세계적인 추세인 것 같기도 해요. 제가 대학에 입학했던 1998년만 하더라도 충무로에는 사실주의 영화가 많았을 때였으니까. 이후, 박찬욱, 봉준호 감독님이 등장하시면서 충무로도, 한국 단편영화도 장르영화가 많이 생겨난 것 같아요. 어떤 게 좋고, 나쁘다고 생각하진 않아요. 그게 흐름이고, 특정 장르를 새롭게 풀어 나가는 것도 중요하니까. 세상의 모든 영화가 허우 샤오시엔 감독의 영화 같을 필요는 없어요. 그런 영화가 1년 365일 극장에서 상영되면 단조롭지 않겠어요.

김성훈 심사를 하면서 인상적이었던 작품이 있나요. 평소 예술영화부터 상업영화까지 다양한 영화를 감상하는 걸로 알고 있습니다.

윤종빈 심사를 하면서 본 가장 놀라웠던 작품은 엄태화 감독의 〈숲〉(2012)이었어요. 굉장히 재미있게 봤던 영화였어요. 당시 봤던 단편 대부분 새로움도, 재미도, 아쉬움도, 실력이 떨어지는 부분도 있었지만 〈숲〉만큼 감독이 이야기를 완벽하게 장악하고 있다는 생각이 들었던 작품은 없었어요. 심사위원들의 심사 기준은 제각각이에요. 누구는 얼마나 새로운 이야기인가를 기준으로 보기도 하고, 또 누구는 자신의 이야기를 얼마나 잘 전달하는가를 기준으로 영화를 감상하기도 해요. 사실 〈숲〉은 주제가 새롭진 않았어요. 하지만 엄태화라는 감독이 자신이 하고 싶어 하는 이야기를 표현하는 방식은 상당히 인상적이었어요. 그것 자체가 뛰어나다고 생각했어요. 장르영화의 클리셰와 예술영화의 클리셰는 다른 개념이라고 생각하는데, 많은 영화 평론가들이 예술영화의 클리셰에 대해서는 후한 반면, 장르영화의 클리셰에 대해서는 과소평가하는 분위기가 있는 것 같아요. 우열을 가릴 수 있는 개념이 아닌데 말이죠.

김성훈 〈씨네21〉 기자(좌)
윤종빈 감독(우)

김성훈 그렇다면 심사위원으로서 좋은 단편영화는 어떤 영화라고 생각하세요. 아무래도 감독으로서 단편을 보는 시각과 많이 다를 것 같아요.

윤종빈 영화가 다루는 소재는 그렇게 중요하지 않은 것 같아요. 기존 영화에 등장했던 소재라고 해서 관심이 안 가는 것도, 새로운 소재라고 해서 특별한 관심이 생기는 것도 아닌 것 같아요. 중요한 건 이야기를 어떤 방식으로 바라보고, 그 시선에 맞는 방식으로 풀어 나가며, 관객에게 설득력 있게 전달해야 한다는 사실이에요. 보는 사람을 몰입하게 할 수 있는 힘이 있는가. 그게 얼마나 새로운가. 그게 관건인 것 같아요. 둘 중 하나만 보여줘도 대단하죠. 둘 다 충족된 영화라면 굉장한 작품이 탄생한 거고요.

김성훈 단편영화를 만들 때 감독으로서 적극적으로 해야 할 일과 피해야 할 일을 꼽는다면요.

윤종빈 꼭 단편영화뿐만 아니더라도 현장에서 첫 테이크를 고집할 필요는 없는 것 같아요. 첫 테이크는 배우 연기를 본다고 생각하는 편이 마음이 편해요. 개인적인 생각인데, 감독이 첫 테이크를 지나치게 간섭하면 배우의 자율성과 창의성을 침범하는 일이에요. 배우가 준비해 온 걸 먼저 본 뒤 마음에 들면 그걸 그대로 쓰면 되고, 그렇지 않으면 자신이 마음에 들지 않는 부분을 배우에게 전달한 뒤 만들어가면 되는 거예요. 제가 현장에서 첫 테이크를 고집하지 않는 것도 그래서이고요. 첫 테이크에서 배우에게 일일이 주문하는 건 바보 같은 행동인 것 같아요. 그게 감독으로서 적극적으로 해야 할 일인 동시에 하지 말아야 할이라고 생각해요.

김성훈 다른 감독의 영화를 많이 보고 그걸 따라 하는 것도 영화를 만드는 데 많은 도움이 되나요. 실제로 미쟝센 단편영화제에서 상영되는 작품 중 특정 배우나 감독 그리고 작품으로부터 영감을 받아 출발한 작품들이 더러 있었던 기억이 납니다.

윤종빈 따라 해보면서 배울 수 있는 점이 분명히 있어요. 예술영화든, 장르

영화든 완전히 새로운 영화는 없다고 생각해요. 한국이든 외국이든 현재 활동하거나 과거에 영화를 찍었던 모든 감독들은 계보도가 있어요. 다른 사람의 영화가 얼마나 잘 만든 것인지는 직접 봐야 그게 얼마나 새로운 작품인지 알 수 있어요. 감독들은 저마다 자신이 새로운 영화를 만들었다고 생각하지만, 영화사에서 모두 시도가 됐던 장면들이에요. 앞에서 짧게 말씀드렸듯이 개인적으로 마틴 스콜세지의 〈좋은 친구들〉(1990)이라는 영화를 되게 좋아하는데, 그 영화가 다루고 있는 남자들의 우정과 배신은 제 영화에 알게, 모르게 영향을 끼쳤다고 생각해요. 중요한 건 감독들이 어떤 방식으로 이야기를 하는지 유심히 보면 배울 게 많아요. 최근 앨프리드 히치콕 영화를 다시 보고 있어요. 물론 과거에 다 본 작품들이지만. 히치콕이 〈싸이코〉(1960), 〈새〉(1963) 같은 공포영화를 많이 찍었다고 생각하시는 분들이 많겠지만—물론 많이 찍긴 했지만 말이죠—첩보영화도 많이 연출했어요. 그중 한편이고, 당시 대작으로 제작됐던 〈북북서로 진로를 돌려라〉(1959)나 영국 시절 대표작이자 연출자로서 히치콕의 개성이 확립되기 시작한 기념비적인 작품으로 평가받고 있는 〈39계단〉(1935), 냉전 시대에 제작된 〈찢어진 커튼〉(1966), 〈토파즈〉(1969), 스파이물을 가장한 멜로 〈오명〉(1946) 등과 같은 첩보영화를 최근 열심히 보고 있는데 많이 배우고 있어요.

김성훈 단편영화를 준비하고 있는 영화학도나 장편 영화 데뷔를 앞두고 있는 후배 감독들에게 도움이 될 만한 조언을 해준다면.

윤종빈 글쎄요. 제가 특별히 해드릴 수 있는 말이 뭐가 있을까요. 아마도 제 개인적인 얘기를 하는 게 맞는 것 같아요. 저는 제가 잘 알 것 같은 이야기에는 관심이 없어요. 특정 이야기를 두고 이건 어떻게 풀

수 있을까라는 생각이 들면 관심이 가요. 〈비스티 보이즈〉를 쓸 때
되게 힘들었어요. 범죄영화도, 멜로드라마도 아닌데 이걸 어떻게 풀
어야 되지? 〈범죄와의 전쟁〉 때도 그랬어요. 주인공 최익현의 사연
을 어떤 방식으로 마무리를 지어야 되지? 길이 잘 보이지 않는 이야
기에 마음이 더 가는 것 같아요. 그런 이야기를 만났을 때 도전해
보고 싶다는 생각이 들어요. 그게 감독으로서 장점이자 단점인 것
같아요. 장르가 좀 더 명확한 이야기를 했더라면 사람들이 더 좋아
하지 않을까 같은 생각도 해봤지만, 내가 쉽게 할 수 있는 이야기를
영화로 만들고 싶진 않았던 것 같아요.

· **윤종빈 감독 단편 필모그래피**

〈남성의 증명〉(2004)

· **인터뷰어 _ 김성훈 (〈씨네21〉 기자)**

　　　　　　　짧은 영화, 긴 이야기

실패하라, 그러면 보일 것이다

– 박정범, 이수진 감독 인터뷰

허남웅(영화평론가)

박정범과 이수진 감독은 정규 영화교육 과정을 밟지 않고 감독이 된 경우다. 각각 〈무산일기〉(2010)와 〈한공주〉(2013)로 그해 가장 뛰어난 장편 데뷔작을 만들었던 두 감독의 든든한 버팀목이 되어준 건 단편들이었다. 인상적인 장편 데뷔작만큼이나 이들 감독에게는 뛰어난 단편들이 필모그래피를 알차게 채우고 있다.

박정범 감독은 〈사경을 헤매다〉(2000)로 일찍이 주목을 받다가 수없이 많은 실패를 겪은 후에 〈무산일기〉의 모티브가 된 〈125 전승철〉(2008)로 여전한 재능을 과시했다. 특히 〈125 전승철〉은 극영화이면서도 다큐멘터리적인 접근을 통해 탈북자의 험난한 남한 생활을 사실적으로 그려 호평을 받았다.

이수진 감독 역시 박정범 감독처럼 우리가 미처 관심 두지 못한, 혹은 부러 외면한 어두운 현실을 날카롭게 해부한 단편들로 이목을 끌었다. 〈아빠〉(2004)는 정신지체아 딸의 성욕을 채워주기 위한 아빠의 눈물겨운 고생담을, 〈아들의 것〉(2006)은 갯벌에서 홀로 살아가는 할머니가 오지 않을 아들을 애타게 기다리는 모성애를, 〈적의 사과〉(2007)는 시위 현장에서 일대일로 맞붙게 된 노동자와 전투 경찰이 반나절 넘게 대치하는 '웃픈' 상황을 담았다.

그렇게 화려한 연출자 생활을 보냈지만, 이들의 영화 속 세계관을 더욱 탄

탄히 해준 건 부수한 실패담이다. 영화에 대해 '잘 알지도 못하면서' 독학으로 파고들어 첫 번째 단편을 만들기까지 맨땅에 헤딩하듯 부딪힌 영화 만들기는 이후 현장에서 유연한 사고를 기르는 데 도움이 되었다. 공식적으로 필모그래피에 올라간 작품과 작품 사이 공백으로 남아 있던 기간 동안 만들었던, 감독을 제외하면 아무도 모르는 단편영화'들의 존재는 정글 같은 영화계에서 이들이 살아남은 자양분이 되어주었다.

이제는 '웃으면서' 말할 수 있는 단편 시절이 되었지만, 당시의 경험담이 지금 한창 단편을 만들고 있는, 그리고 영화감독이 되고 싶어 하는 예비 영화인들에게 인터뷰 형식으로 소개된다고 하니 박정범, 이수진 감독의 태도는 사뭇 달라졌다. 그동안 현장에서 쌓은 영화 만들기 비결을 푸짐한 선물 보따리에서 하나하나 풀어놓는 마음씨 좋은 할아버지의 모습에서 학생들이 하나라도 놓칠세라 빨간 펜으로 밑줄을 그어 가며 설명하는 열성 선생님의 이미지까지, 영화감독을 꿈꾸는 이들이라면 피가 되고 살이 되는 그들의 단편 시절 이야기.

허남웅 요즘 어떻게 지내고 계세요?

이수진 경기도 파주 쪽 사무실에서 글을 쓰고 있는데 그렇다고 아직 맘에 드는 게 나온 건 없어요. 그러다 술 마시고 그래요.

박정범 파주에 혼자 있으면 술 먹게 돼 있어요.(웃음)

허남웅 박정범 감독님은 어떠세요?

박정범 무라카미 하루키 단편을 원작으로 한 장편영화를 이창동 감독님 영화사에서 준비 중입니다. 트리트먼트를 완성하려고 하루에 10시간 정도 책상에 앉아 있는데 구역질이 날 정도로 힘들 때도 있습니다.

작년부터 틈틈이 명필름에서 제작하는 영화 시나리오도 쓰고 있어요.

허남웅 힘드실 텐데 이렇게 불러내서 인터뷰하니 죄송하네요.

박정범 아닙니다. 그동안 사람이 그리웠습니다.(다 같이 웃음)

박정범 감독(좌),
이수진 감독(우)

 ### 나를 찾아가는 과정

허남웅 단편이 왜 중요한지부터 이야기를 시작해볼까요.

이수진 영화가 왜 중요하냐는 질문과 같은 맥락인데요. 영화는 도구라고
생각해요. 자기가 하고자 하는 이야기를 영화라는 매체를 통해서
만들어내는 건데요. 그래서 저에게 단편영화를 만드는 과정은 학교
같은 느낌이 강해요. 만들고 난 뒤에는 다음 학년으로 올라갈 수 있
을까 수능처럼 평가를 받고요. 근데 이를 평가하는 심사위원조차도
저라는 생각이 들어요. 내가 영화를 계속 만들어도 될 것인가에 대

한 스스로의 질문에 대해 답을 찾아가는 과정이셨네요. 사실 영화를 이렇게 길게 할 거라고 생각 못 했어요.

허남웅 너무 힘들었나요?

이수진 그보다는 영화가 꿈이 아니었기 때문인 것 같아요.

허남웅 그럼 여전히 영화라는 답을 찾아가는 과정인가요?

이수진 예 그런 생각이 큽니다. 내가 하고 싶은 이야기를 담는 그릇이 영화. 그 시작이 단편이었던 거죠.

허남웅 이수진 감독님의 생각에 공감하시나요?

박정범 저도 계속 영화를 만들어 가면서 가능성을 찾고 있어요. 내가 누구인지 확인하는 과정에서 실패를 반복하는 것 같아요. 다만 나에게 영화는 매일매일 조금씩 쓰는 일기라고 할까요. 단편을 만들 당시에는 장편을 찍는다는 건 엄두도 못 냈어요. 영화를 배워본 적도 없는데다가 비전공자였으니까요.

허남웅 영화를 만든다는 것에 대한 꿈은 있었나요?

박정범 영화를 찍는 것 자체에 대한 동경이 있었어요. 이야기를 만들어서 이미지로 보여줘야 한다는 강렬함을 기타노 다케시의 〈하나비〉(1997)를 보고 받았어요. 그래서 저에게 영화를 만든다는 건 스스로 연기까지 한다는 걸 포함하는 것이었어요. 아무것도 없는 상황에서 배워본 적도 없는 글을 쓰고 책을 사서 조명을 배우고 현장에서 연기하며 영화를 만드는 작업을 가내수공업처럼 혼자 하다 보니까 그게 참 놀라웠어요. 2000년에 처음 단편을 만들었는데 그 경험이 너무 새롭고 즐거웠어요.

허남웅 체육교육학과를 나오셨죠?

박정범 예, 완전히 군대식 환경이었죠. 그러니 영화가 주는 자유로움에 대한 열망이 생겼죠. 그때부터 노력을 많이 했어요. 실패도 많이 겪었고요. 이수진 감독님도 그렇고 몇 년 동안 같이 단편영화 심사를 하다 보니까 단편에 대해 갖게 된 생각이 처음과는 많이 달라져 있더라고요.

허남웅 지금 단편을 찍게 된다면 단편을 찍던 시절과는 많이 다르겠군요?

박정범 그래서 저는 지금도 단편영화를 만들고 싶어요. 순간순간 떠오르는 생각이 있는데 긴 것은 장편으로 짧고 강렬한 이야기는 단편으로 찍는 거죠. 모든 영화가 그렇지만, 영화를 만드는 기술이라든지 기본적인 것을 쌓기 위해 단편을 찍을 때와는 지금은 많이 달라진 느낌이죠. 말 그대로 나를 찾아가는 과정이랄까요.

허남웅 그렇다면 장편과 비교해 단편영화가 갖는 매력은 무엇이라고 생각하세요?

이수진 짧은 게 단편이잖아요. 짧은 상영 시간 안에 나만이 담을 수 있는 이야기. 장편에 있는 하나의 에피소드를 가져오는 게 아니라 단편 안에 어떤 이야기를 다룰 것인가, 이게 단편이 갖는 매력이라고 봐요.

박정범 저도 비슷해요.

허남웅 박정범 감독님은 질문만 드리면 다 이수진 감독님과 비슷하다는 얘기만 하시네요?

박정범 얘랑 제가 원래부터 비슷해요. (다 같이 웃음)

허남웅 이수진 감독님은 아니라는 표정인데요?(웃음)

박정범 감독,
이수진 감독,
허남웅 영화평론가
(좌측부터 시계방향)

박정범 단편을 만든다는 것에는 여러 가지 의미가 있잖아요. 우선 내가 영화를 해도 되는지가 궁금했어요. 그때는 영화를 배우고 싶어도 어떻게 해야 하는지 몰랐어요. 단편을 계속 찍는 수밖에 없었죠. 그러면서 기본적인 컷 구성도 익히고 나만의 호흡도 찾고 연기도 어떻게 해야 하는지 등을 스스로 익혔죠. 그렇게 몇 편을 만들고 나면 진짜로 단편영화가 존재하게 되는 건데 그 단계가 너무 오래 걸렸던 거죠. 아니면 그사이 자신을 잘 발견하지 못해 사라지는 사람들도 있었고요. 이게 단편에 대한 본질적인 이야기가 될 수 있을 것 같은데, 똑같은 이야기라도 장편도, 단편도 만들 수 있다고 생각해요. 그건 선택일 뿐이죠. 즉 이야기의 본질이 나에게 요구하는 바가 무엇이냐 같아요. 그건 아이디어의 문제이겠죠.

이수진 야 너 말 진짜 술술이다. 시나리오 쓰면서 사람이 그리웠구나!(다 같이 웃음)

허남웅 감독님들의 첫 번째 단편은 무엇이었나요?

박정범 〈사경을 헤매다〉였어요.

허남웅 이 소재로 이제 찍어야겠다고 판단한 근거 혹은 감이 있었나요?

박정범 스티븐 스필버그 같은 할리우드의 장르영화만 보다가 군대에서 〈하나비〉를 봤는데 충격이었어요. 완전 다른 세계의 영화였죠. 그때 예술영화를 알았어요. 이런 종류의 영화를 틀어주는 상영회를 찾아다녔죠. 그러다가 영화를 찍어야겠다고 마음먹었어요. 마침 학교 교양 중에 영화 관련 수업이 생겼어요. 수업을 들으면서 단편을 찍었죠. 무슨 이야기를 해야 하나 싶었는데 내가 잘 아는 이야기를 하자. 제가 군대에서 군종병이었어요. 제목의 '사경'은 절 사(寺)자에 풍경 경(景)자예요. 절이 배경이 되는 '코미디' 영화였어요. 제가 지금 이렇게 우울한 영화를 찍게 될 줄은 아무도 몰랐어요.(웃음)

허남웅 첫 번째 영화로 엄청난(?) 관심을 받았죠.

박정범 그때 영화제가 별로 없었는데 부산아시아단편영화제와 서울독립영화제 등이었는데 상도 받고 그랬죠. 아, 내가 소질이 있나 보다. 이런 착각에 빠졌죠.(웃음) 학교에서 영화제를 했었어요. 연세대 영화제. 거기서도 상을 받았는데 심사위원분들이 전찬일, 심영섭 선생님 등이었는데 이 두 분이 영화를 아쉬워하셨어요. 이거 다시 찍으면 더 좋을 것 같다고. 다시 찍었죠.

허남웅 배보다 배꼽이 더 커졌군요.

박정범 VX2000으로 찍있는데 영화제에 출품하려면 필름으로 내야 한다고 하시더라고요. 영화는 3백만 원으로 찍었는데 영화제 때문에 1,000만 원으로 뛴 거예요. '이게 뭔 짓이여' 이러면서 영화제에 냈죠.(웃음) 그걸로 뉴욕단편영화제도 가고, 911테러가 터지면서 뉴욕에 한 달 동안 갇히고, 〈사경을 헤매다〉 때문에 별의별 일들이 많았어요.

<125 전승철>
(2008)

허남웅 당시의 인생 자체가 영화셨네요?(웃음)

박정범 그때 저와 같이 고립되었던 사람이 〈명량〉(2014) 만든 김한민 감독이었어요.(웃음) 그렇게 단편영화를 시작했죠.

허남웅 화려하게 출발했지만, 실패도 많았죠?

박정범 〈사경을 헤매다〉로 주목받으면서 그 후 7년 동안 23편의 단편영화를 찍었어요. 근데 영화제에서 다 떨어졌죠. 그러면서 깨달은 게 있어요. 모방해서는 절대 안 된다. 〈사경을 헤매다〉는 제가 아무것도 모를 때 자유롭게 찍은 건데요. 그래서 사람들이 좋아해 준 거예요.

이제 조금 알게 되니까 기존의 영화들을 따라 하고 그랬는데 호기심도 있었지만, 실은 두려움이었어요.

허남웅 그럼 스물네 번째로 찍은 단편이 〈125 전승철〉이었나요?

박정범 예, 대학원에서 찍은 마지막 단편이었죠. 그때 모든 걸 내려놨어요. 대학원도 그만두고 이제 태권도장을 해야 하는 것인가, 헬스클럽이라도.(웃음) 자포자기 심정으로 떠오르는 대로 마음대로 찍었어요. 근데 사람들이 좋은 영화라고 평가해주는 거예요. 그때 깨달았죠, '내가 나를 가두고 있었구나.' 첫 번째 장편영화 〈무산일기〉도 마음대로 찍었어요. 계속 롱 숏과 뒷모습 위주로 찍는 촬영 방식을 보고 스태프들 사이에서 "우리 감독님은 왜 뒷모습만 찍나 몰라", "왜 다큐멘터리처럼 찍고 있지" 하며 우려하는 목소리가 많았어요. 저는 자연스럽게 나올 거라고 했어요. 뭔가를 베끼는 것이 가장 위험하다, 지금도 그것을 놓지 않으려고 해요. 비슷한 것이 있는데 할 이유는 없다.

이수진 제가 (박)정범이를 알게 된 게 미쟝센 영화제에서 〈125 전승철〉과 제가 만든 〈적의 사과〉가 같은 섹션에 있었어요.

박정범 〈적의 사과〉가 최우수상을 받고 〈125 전승철〉이 심사위원 특별상을 받았죠.

이수진 처음 영화를 찍었던 시기도 비슷해요. 제가 스물여섯 살 때인데 원래 사진을 전공했어요. 군대 제대 후에 3학년 때부터 4학년까지 슬럼프 비슷한 게 있었어요, 사람에게 다가가는 것이 굉장히 어려웠어요. 다큐멘터리 전공이었는데 자꾸 순수사진만 찍는 거예요. 산에 가서 발가벗고 막 분장해서 셀프카메라 형식으로 혼자 사진을 찍었죠. 주변에서 이러더라고요. "야 너 이렇게 하면 졸업 안 돼", "이건 다큐가 아니라 순수잖아", "어서 뭐라도 찍어!"

허남웅 그러면서 영화에 관심을 갖게 된 건가요?

이수진 대구에 장애인들이 있는 국가 시설이 있어요. 고아가 된 장애인 친구들을 보살피는 곳이어서 그 길로 봉사활동 비슷하게 사진을 찍으러 갔어요. 근데 사진을 하나도 못 찍었어요. 그곳은 갓난아이부터 20세 미만까지의 아이를 받아요. 적지 않은 시간을 보냈는데 그냥 앉아 있다가 같이 놀아주고 그렇게 시간을 보냈어요. 대신 이들과 함께하며 느꼈던 것에 대해 글을 썼어요.

허남웅 그 글이 〈적의 사과〉의 시나리오가 되었나요?

이수진 광고와 뮤직비디오를 찍는 친구들이 있었어요. 그 친구들을 도와주러 갔는데 장난치듯이 너무 쉽게 찍는 거예요. 전 그때까지 영상 작업을 해본 적이 전혀 없어요. 그런데도 "장난하나, 이건 아닌 것 같은데" 했더니 친구들이 "그럼 너도 한번 해봐" 그러더라고요. 그럼 나도 한번 해볼까, 그때 써 놓았던 글을 바탕으로 단편 시나리오를 쓴 거죠. 그러면서 내 인생에 영화 한 편 있으면 좋겠다, 하는 생각이 들더라고요. 영화에 대해 아무것도 모르면서 이제 찍게 됐죠. 〈내가 네〉라는 제목이었어요. 친구들과 함께 만들기 시작했죠. 근데 여배우를 못 구하겠는 거예요. 후배 중에 머리가 긴 남자애가 있었어요. '야 니가 하면 재미있겠다' 해서 여자 분장시켜서 출연시켰어요.

박정범 니가 코미디였네.(웃음)

허남웅 남자를 여자 분장시킨 거면, 실험영화 장르였나요?(웃음)

이수진 완성도로 따지면 실험영화였어요.(다 같이 웃음) 처음 만든 건데 너무 재미있었어요. 사진은 기획하고 촬영하고 현상하고 인화하고 갤러리에 거는 것까지 모두 혼자서 하잖아요. 영화는 다 같이 한다는 게 새로운 경험이었어요. 뭔가를 함께 만든다는 희열이 있더라고요.

허남웅 사진보다는 영화가 더 체질이셨군요?

이수진 목표의식이 없어서 그랬던 것 같아요. '나 이거 한번 만들어보고 싶어' 하는 충동적인 마음에 접근했던 게 매우 큰 재미를 줬던 거죠. 처음으로 '프리미어'를 배우면서 완성했어요. 근데 이 영화를 어떻게 해야 할지 모르겠더라고요. 친구가 말하길, "영화를 완성했으면 영화제에 가야지." 그래서 제가 물었죠. "어느 영화제에 내야 하니?" 서울독립영화제가 있다. 포함해서 몇 군데 냈는데 떨어졌어요. 그 중 지금은 이름이 바뀌었을 텐데 '인디비디오페스티벌'에 붙은 거예요. 굉장히 놀라운 경험이었어요. 다른 사람이 만든 단편영화를 처음 보게 된 거예요. 졸업영화를 가지고 온 친구들이었는데 퀄리티가 높잖아요. 거기에 있는 단편들을 보는데, 부럽기도 하면서 욕심도 생기더라고요. 나도 저렇게 만들어봤으면 좋겠다. 짧은 시간 안에 자기만의 내러티브를 가지고 완성도 있는 영화를 만들어 가는 것이 굉장히 멋있어 보였어요. 딱 2년만 해보자. 딱 한 편의 영화만 만들어서 나에게 어떤 재능과 가능성이 있는지 판단해보자. 단편이 학교 같다는 생각은 그렇게 시작된 거예요.

박정범 저 같은 경우는 처음 만든 단편이 정말 잘 됐어요. 부산에 가서 대상도 탔고 관객상도 탔고, 대상, 관객상을 동시에 탄 게 1회 때 이후

16년 만이라고 그랬어요. 근네 1회 때 탄 사람이 강제균 감독님이었어요. 저는 속으로 생각했죠. '아, 나는 원래 태권도 선수를 할 게 아니었구나, 태어날 때부터 나는 영화를 찍었어야 됐던 거구나.'(웃음)

이수진 첫 끗발이…(웃음)

박정범 그러고 나서 암흑의 시대를 보내게 되는데… 어느 정도냐면 일 년에 네다섯 편씩 찍었어요. 막노동하고 배도 타고 돈 버는 것이라면 이것저것 다 했어요. 공장에서도 일하고 그러면서 돈 벌어 가지고 3, 4백만 원 모이면 바로 찍고 그랬어요. 그때는 영화제 다 돌리잖아요. 다 떨어지는 거예요. 그러다 이제는 내는 게 두려워져요. 그래서 하나가 떨어지면 뒤에 아무것도 안 내요. 바로 다음 작품 들어가게 되는 거죠.(웃음) 그러니깐 제일 큰 데에 딱 냈는데 떨어지면, 떨어져도 다른 데가 될 수도 있잖아요. 근데 그게 두려워져요. 계속 떨어지니깐 주위에 〈사경을 헤매다〉 이후 동료가 있었는데 다 떨어져 나간 거예요. 다시 혼자가 된 거죠.

이수진 사경을 헤매다가 다 떨어져 나가버렸어… 그러니깐 영화 제목을 잘 지어야 돼.(웃음)

박정범 맞아요, "제목 때문에 이렇게 된 거다"라는 이야기 많이 있었어요.(웃음) 그래서 제가 대학원을 간 거예요. 대학원에 가서도 사람이 실패에 계속 갇혀 있으면 사회에 적대감이 생겨요. 반항심과 함께… 동기들과 품평회를 한다든지 하면 독설을 하게 되는 거예요. "내 영화도 후지지만 니네들은 쓰레기야."(다 같이 웃음) 그러니 누가 친구를 해주려고 하겠어요?

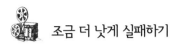

조금 더 낫게 실패하기

허남웅 만드는 것도 중요하지만, 현장에서 중요하게 생각해야 할 것도 있겠죠?

박정범 단편 찍을 때 가장 중요한 건 인간관계예요. 전 아직도 기억나는 일화가 있어요. 영화 촬영 후 촬영감독이 카메라를 놓고 갔는데 제가 그냥 살짝 틀었어요. 촬영감독이 이걸 알고 그만두겠다는 거예요. 영화제에서 3~4년 정도 계속 떨어지면 나를 다…(정적) 무시해요.(다 같이 웃음) 내가 무슨 말을 해도 먹히지를 않아요. 배우에게 이런 동선을 취해 달라고 한창 설명을 했는데 슛 들어가면 자기 멋대로 하고 있어요. 그땐 주먹을 쥐면 손톱이 막 파고들어 가는 것 같을 정도로 속이 답답할 때가 있죠. 하지만 영화는 혼자 하는 게 아니기 때문에 현장에서 사람들을 컨트롤하고 자기 중심을 찾는 게 진짜 힘들고 중요하다는 걸 알게 될 거예요.

허남웅 이수진 감독님은 처음 단편을 찍으면서 가장 와 닿던 시행착오는 무엇이었나요?

이수진 첫 번째 단편 이후 다음 작품을 만들 때 스태프를 못 구했어요. 프로필이 딸리잖아요. 영화학교를 나온 것도 아니지, 아는 사람도 없고 말이죠. 하물며 돈이라도 주면 스태프를 구할 텐데 돈도 없죠. 그래서 〈아빠〉를 만들 때는 일곱 가지 역할을 했어요. 제작, 연출, 촬영, 시나리오, 편집, 미술, 그리고 특수분장까지.

허남웅 〈아빠〉에서의 특수분장이라고 한다면, 여성 성기 부분을 말씀하시는 건가요?

이수진 여성 성기 부위의 상처요. 이런 걸 어떻게 해야 하나 '필름메이커스'에 질문을 했더니 답이 딱 나오는 거예요. 그걸 보고 제 살에다 직접 해 가면서 연습을 했어요. 1인 다역을 해서 영화를 찍었죠. 그 당시부터 참 열심히 영화를 만들었어요. 방도 빼는 등 전 재산을 걸어서 만드는 거니까요. 그렇게 해서 《아빠》를 완성했어요. 지금 돌이켜보면 제가 만들었던 영화 중에 가장 용감했던 작품이에요. 관객들이 어떤 반응을 보일지 계산조차 할 수 없을 만큼 무식하게 영화를 만들었던 거죠. 무서운 게 없었던 거죠.

허남웅 무서움을 느낀 건 언제였나요?

이수진 《아빠》가 공개되고 나서 바로 느꼈어요. 제가 의도했던 것과 반응들이 다르더라고요. 욕까지 하니까 무섭더라고요. 그때가 스물아홉인가 서른 때였는데 서독제에서 상을 받고 어리둥절했어요. 이렇게 욕을 먹었는데 상을 받아도 되나? 부산국제영화제를 포함해서 처음으로 많은 영화제를 가보게 됐는데 영화가 상영될 때마다 항상 논란의 중심이었어요. 미쟝센 단편영화제에서 GV했던 게 오래 기억에 남아요. 관객과의 대화 시간에 저와 관객이 아니라 관객과 관객들이 찬반 논란을 벌이면서 대화를 하는 거예요. 저에게는 굉장히 신선한 공부이면서 충격이었어요. 영화에 접근하는 방식에 대해서 또 하나의 다른 생각을 하게 된 거죠.

허남웅 이수진 감독님께서 필름메이커스에 대해서 언급해주셨는데요. 박정범 감독님은 단편을 찍으면서 벽에 부딪힐 때 도움이 됐던 자신만의 방식은 무엇이 있었나요?

박정범 액션영화를 찍다가 이런 사고를 당한 적이 있어요. 두 명의 태권도

후배를 남녀 주인공으로 해서 만드는 영화였어요. 여자는 전 세계 주니어 선수권대회에서 금메달 땄고 남자는 고등학교 때까지 전국 대회에서 우승했던 경력이 있었어요. 약속 겨루기라고 태권도부 애들은 맞는 척 하면서 연습하거든요. 영화에서도 진짜 때리는 것이 아니라 맞는 척하는 거죠. 남자애가 무릎 찍기를 당할 때 동작이 커지면서 여자애의 뒤통수를 친 거예요. 얼마나 셌는지 여자애의 전체 치열이 뒤틀렸어요. 치료가 중요하잖아요. 그래서 영화가 엎어졌어요. 제가 너무 쉽게 생각했던 거예요. 태권도 선수 출신이라 몸을 쓸 줄 알고 운동 기능이 좋다고 너무 과신한 거죠. 운동과 영화는 완전히 다른 이야기더라고요.

허남웅 영화 만들기의 또 하나의 교훈을 얻었군요?

박정범 액션 장면에서는 내가 다치는 건 괜찮은데 배우들이 할 때는 꼭 무술감독을 붙여요. 영화에서 보이는 것과 내 머릿속에서 생각하는 것의 일치점을 만들려면 프로페셔널한 것들이 다 필요해요. 저는 그걸 다 안다고 생각했던 거예요. 그 때문에 사고가 났던 거죠. 지금은 조금이라도 애매하거나 확실하지 않은 것들은 세세한 부분까지 전문가들의 조언과 도움을 구합니다.

허남웅 박정범 감독님은 연출과 연기를 함께하시죠. 두 가지를 병행할 때 특별히 필요한 것이 있을까요?

박정범 저는 시나리오를 쓰고 연출을 하고 연기를 한다는 구분 자체가 없었어요. 영화를 만드는 것에 모두 포함되는 거였어요. 감독들도 기회가 된다면 꼭 연기를 해봤으면 해요. 연기자들의 마음을 알아볼 수 있어요. 연출자는 시나리오가 머릿속에 있잖아요. 다만 내 머릿속의 세계는 배우와의 관계에서 갭으로 존재할 수밖에 없어요. 이를 어떻게 소통하느냐, 저는 되게 서툴렀어요. 그래서 무조건 테이크를 많이 가는 편이거든요. 근데 되게 비효율적인 방식이에요. 몇십 테이크 이상 가게 되면 배우들의 정신세계를 파괴하는 데까지 가거든요. 그걸 몰랐던 거죠. 근데 연기를 직접 하다 보면 보이게 돼요.

허남웅 배우의 시선에서 영화를 보게 되는군요.

박정범 같은 맥락에서 배우들의 이야기를 많이 듣는 것도 중요해요. 어떤 영화든 마찬가지이지만, 단편을 만들 때도 감독이 모든 걸 책임지고 앞으로 나아가잖아요. 그때 제일 중요한 게 소통이에요. 소통을 잘하는 감독이 결국 영화도 잘 찍어요. 소통을 잘하려면 모든 파트에 한 번씩은 참여해서 경험해보는 것이 좋다고 생각해요. 무엇보다 스태프들과 커뮤니케이션하는 법을 알 수가 있으니까요. 그러면 후에 연출하더라도 현장이 훨씬 유연하게 돌아가도록 할 수 있어요.

허남웅 이수진 감독님은 단편 시절부터 감초 연기로 유명한 배우들과 작업을 하셨죠. 〈아빠〉의 민경진, 〈아들의 것〉의 이용이, 〈적의 사과〉의 유승목 배우들이 대표적이죠. 단편을 만드는 감독 중에는 이런 배우들과 작업하고 싶어도 어떻게 접근해야 하는지 몰라 고민인 분도 계세요. 감독님은 어떻게 그런 배우들과 함께 작업할 수 있었나요?

이수진 좋은 프로듀서를 만나야 하고 소통도 잘해야 해요. 제가 잘 했는지는 모르겠지만요. 원하는 배우를 이야기하면 프로듀서가 연결해주는 경우도 있죠. 그렇게 연결되면 감독이 직접 가서 배우에게 인사도 드리고 이야기도 나누는 거죠. 감독이 직접 전화를 하는 예도 있어요. 시나리오만 좋다면 대부분의 배우가 호의적이에요. 그러니까, 본인이 원하는 배우가 있다면 적극적으로 대시하세요.

허남웅 유승목 배우는 〈적의 사과〉는 물론 장편 데뷔작인 〈한공주〉까지 인연이 이어진 경우죠.

이수진 10년간 사진을 찍다가 갑자기 영화로 진로를 바꾼 건데 우리나라에서 제일 좋은 학교에서 공부를 해보고 싶더라고요. 그래서 어디가 좋으냐 주변에 물었더니 '한국영화아카데미 KAFA가 제일 좋다' 이야기하더라고요. '아, 그럼 거기 가야지.' 그런데 단기속성으로 공부해서 가기에는 너무 어려웠어요. 결국, 떨어졌죠. 저는 필기시험 보는 걸 아주 싫어하는 타입이거든요. 재수해야 하는 것인가, 고민이 있었는데 때마침 동숭동의 '하이퍼텍 나다'에서 한국영화아카데미 KAFA 졸업 영화제를 했어요. 단편들을 오후 1시부터 오후 8시까지 틀어줬어요. 상영된 영화를 전부 봤는데 저에겐 너무 값진 시간이었어요. 그걸 보고서 내가 여기에 상영된 영화만큼만 만들면 굳이 이 학교에 가지 않아도 되겠구나, 생각했죠. 그때 제일 인상적이었던 영화가 이하 감독의 〈1호선〉(2003)과 노동석 감독의 〈나무들이 봤어〉(2003)였어요. 〈1호선〉의 주인공을 유승목 선배가 연기했는데 저에게 되게 각인이 되어 있었어요. 그러고 나서 제가 허진호 감독의 〈행복〉(2007)에서 연출부를 했었는데 유승목 선배가 출연한 거예요. 제 딴에는 너무 반가워서 촬영이 끝나고 오픈세트장에서 내려오는 길에 부러 인사를 드렸죠. 〈행복〉이 끝나고 난 뒤에 〈적의 사과〉 시나리오를 보여드리고 나서 만나서 술 한 잔을 했죠. 이 영화에 선배님이 출연해주시면 좋겠다. 삼고초려 끝에 흔쾌히 오케이를 해주셨어요. 그렇게 작업을 하게 됐어요. 원하는 배우가 있으면 그게 누구든 컨택을 해보는 게 정말 중요해요.

허남웅 요즘 단편영화들을 보면 영화과는 물론 한국영화아카데미 KAFA라든지 한국예술종합학교 출신의 작품들이 눈에 띄어요. 두 분 감독님은 일종의 영화 만들기의 정규 코스를 밟지 않고 감독이 된 경우인데요. 장단점이 있을 것 같아요.

이수진 기술적인 퀄리티는 굉장히 높아지는 느낌인데 아쉬운 것도 있어요. 저는 단편영화에서 기술보다는 이야기가 더 중요하다고 생각해요. 단편영화는 누구나 만들 수 있잖아요. 영화의 완성도를 떠나서 내가 고민하는 것, 내가 관심 가지고 있는 것, 장편에서는 하지 못하는 것들을 솔직하게 이야기했으면 좋겠어요. 그런 영화를 보고 싶어요.

허남웅 말하자면 지금 말씀하신 것이 감독님이 단편 심사를 하실 때 중요한 기준이 되겠네요?

이수진 그렇죠. 저는 고집스러운 영화를 좋아해요. 허술하고 엉성하더라도 뚝심 있는 영화. 모두가 그런 영화를 지지할 수 있다고 생각해요. 기술적인 완성도는 아무리 높아도 상업영화보다 뛰어나기는 어렵거든요. 내가 하고자 하는 이야기의 밀도를 높이는 게 더 중요해요.

박정범 영화 자체가 가지는 힘의 원천은 '이야기의 진실성'에 있다고 생각해요. 기술이 뛰어난 영화라고 해서 모두 좋은 영화라고 말할 수 없

<적의 사과>(2007)

듯이 감독은 자신의 이야
기가 지향하는 바를 정
확하게 알고 있어야 하고
그것을 이루어내는 것에
초점을 맞추어 달려가야
합니다. 그러기 위해서는
끊임없이 자신과 자신이
만드는 영화에 대해 질문
을 던지는 것이 중요하다
고 생각합니다. 제 경우
역시 7년 동안 만든 23편
의 단편이 영화제에서 떨어졌던 것도 본질보다 외형에 집착했었기
때문일 거예요. 그것은 장르영화도 마찬가지라고 생각합니다.

허남웅 그럼 감독님의 마음을 움직이는 영화는 어떤 종류인가요?

박정범 테크니컬한 완성도는 조금 떨어져도 갑자기 한 방 먹이는 영화들이
있어요. '나는 영화 잘 몰라, 근데 이 이야기는 하고 싶어' 이런 것
들. 저는 그런 사람들이 만드는 영화를 보고 싶어요. 지지해주고 싶
어요. 우리가 보고 싶은 건 온실 속에서 잘 자란 화초가 아니라 들
꽃이거든요. 정제되지 않은 아름다움을 원하는 거죠.

 단편이 관객에게 다가서기 위해서는

허남웅 미쟝센 단편영화제는 1회인 2002년부터 단편영화 감독들의 등용문

이 되고 있는데요. 2016년인 올해가 벌써 15회예요. 감독님들에게도 미쟝센 단편영화제는 남다른 추억으로 남아 있죠?

박정범 2000년에 〈사경을 헤매다〉로 가고 〈125 전승철〉로 8년 만에 미쟝센에 갔던 기억이 있는데요. 진짜 오랜만이었죠. 거기서 선배 감독님들이 시상식 끝나고 응원해주셨어요. "야 8년 사이에 도대체 무슨 일이 있었던 거야?" 제가 한창 영화 안 만들다가 다시 돌아온 줄 알았대요. 다시 힘이 나더라고요. 8년 만에 영화관에서 미쟝센에 출품된 영화를 쭉 보는데 젊은 친구들 정말 대단하더라고요. (이)수진이도 그렇지만, 저도 나이가 많은 편이에요. 미쟝센에 올라온 감독들은 대개 나이가 많아도 30대 초반인데 저희는 30대 중반이었으니까요. 그래도 재미있었죠. 이 사람들이 경쟁자이면서 동료인 감독들이구나. 그때 많은 감독과 친해졌어요. 그때는 용산 CGV에서 했는데 거기 갈비탕집에서 뒤풀이가 있었어요. 동료의식을 처음 느껴본 것 같아요. 만날 '독고다이'로 영화를 만들다가 많은 이들이 응원을 해주니까 다시 신입생이 된 느낌이었어요.

허남웅 미쟝센 단편영화제가 '사경을 헤매'던 감독님을 살려준 거군요.(웃음)

박정범 미쟝센이 한국 영화계에서 차지하는 위치가 어마어마하다고 생각해요. 이런 영화제들이 많지만, 미쟝센은 장르 작가를 찾는 거잖아요. 그러면서 예술적인 부분도 놓치지 않기 위해 '비정성시' 섹션도 있고요. 그래서 포괄적으로 수용한다는 느낌이 있어요. '4만번의 구타' 같이 몇몇 섹션에 올라온 영화들은 다른 영화제에서 다 떨어졌던 작품이거든요. 영화를 만들고 낼 곳이 여기밖에 없는 작품들도 있어요. 사람들은 왜 단편영화도 장르를 갖냐, 이렇게 의문을 가질 수 있지만, 그렇기 때문에 더 있어야 한다고 생각해요. 그래서 미쟝센은 소외당한 영화들을 더 생각하는 영화제 같아요.

허남웅 말씀처럼 미쟝센 단편영화제는 장르 친화적인데요. 그러다 보면 단편영화를 만드는 감독님들이 특정 장르나 섹션에 귀속되는 부작용도 생기지 않을까요?

이수진 저는 영화를 만들 때 장르를 규정하지는 않아요. 물론 완성하고 나서는 내 영화는 어느 섹션에 어울릴까, 생각하죠. 예컨대, 〈적의 사과〉는 코미디가 강한 작품인데 그래도 '비정성시'에서 보여주고 싶은 마음이 더 컸어요. 저는 그렇지 않지만, 특정 장르를 어릴 때부터 좋아했던 사람이 있잖아요. 그걸 영화 만들기까지 확장하게 되면 다른 영화제에서는 소외당할 수 있는 여지가 있죠. '절대악몽'이나 '4만번의 구타'나 '희극지왕'이나 다양한 장르로 구분해 놓은 건 미쟝센 단편영화제만의 장점이라고 봐요. 앞으로 실험영화 섹션까지 있으면 어떨까 생각해봐요.

박정범 할리우드의 개념에 국한된 장르 말고 좀 더 자유롭게 다양한 장르들을 포괄할 수도 있겠죠.

허남웅 미쟝센 단편영화제에 관한 이야기를 나눴지만, 영화제를 제외하면 단편을 접할 수 있는 창구는 많지 않죠. TV의 〈독립영화관〉이나 포털 사이트의 〈인디 극장〉 정도죠. 단편영화가 더 많은 사람에게 다가가려는 방법에 대해서 생각해보신 것이 있나요?

박정범 지방의 문화회관을 돌아다니면서 단편영화를 비롯해 예술영화를 상영하는 거예요. 예전에 정부에서 이런 사업을 추진하려고 했었는데요. 그게 잘 안된 거죠. 도서관에서 방 하나를 극장처럼 다시 만들어서 하루 종일 독립영화를 상영하는 것도 좋을 것 같아요. 책을 보다가 그 방에 들어가서 한 편 보고 나오고 그런 문화가 생기면 저변이 더 넓어지는 거죠. 비영리가 목적이니까 도서관 입장에서는 저렴하게 배급사에 상영료를 지급하고 배급사는 감독들에게 돈을 주고 말이죠. 그런 시스템이 갖춰지면 좋겠는데 잘 안되는 게 안타깝죠. 일반 대중들이 단편영화에 접근할 수 있는 창구가 쉬워져야 해요.

이수진 결국 관심을 끌게 하는 건데, 그걸 위해서 단편을 만드는 감독들이 관객들이 좋아할 수 있는 영화를 만들어서는 절대 안 되고요. 내가 하고 싶은 이야기를 만드는 게 맞죠. 처음 영화를 준비할 때 가장 좋은 교과서가 된 게 〈독립영화관〉(KBS)이었어요. 〈독립영화관〉에 방영된 영화들은 인터넷에서도 볼 수 있었거든요. 그곳을 통해서 많은 작품을 봤어요. 다 보고 어떻게 만들어졌는지, 이야기를 어떻게 하는지에 대해서 연구하고 그랬어요. 굉장히 좋은 시간이었죠. 공중파에서 단편영화들을 시청자들이 좀 더 쉽게 다가갈 수 있도록 하면 좋을 것 같아요. 그러면 해당 영화의 감독과 스태프도 뿌듯할 텐데 그러고 보니 제 영화는 한 번도 방영되지 않았네요. 하긴 19세 관람가라 어려울 거야.(웃음)

박정범 기획도 중요해요. 단편영화는 기획이란 게 별로 없어요. 요즘 단편 중에는 유명 감독이 연출하고 톱스타 배우들이 출연하기도 해요.

국가인권위원회에서 제작하는 '시선' 시리즈가 대표적이죠. 다만 흥행으로 연결이 안 되어서 다른 기획들이 뜸한 건데 꼭 극장 개봉이 아니더라도 바로 IPTV에 푼다든가, 더 저예산으로 넷플릭스와 같은 플랫폼을 적극적으로 활용하는 등의 다양한 시도를 병행하면 지금보다 나아질 거라고 봐요.

허남웅 단편을 위해 국가적으로 어떤 지원들이 있어야 한다고 보시나요?

박정범 배급과 제작이죠. 사실 다른 예술 쪽에 비하면 많이 지원해주는 편이죠. 다만 조금 더 다양하고 많은 사람에게 돌아가는 방식으로 풀어줬으면 좋겠어요. 위에 이야기한 상영 공간의 확대도 중요하고, 제작 지원 제도가 더 다양한 계층을 흡수할 수 있었으면 좋겠습니다.

허남웅 단편영화를 만드는 데 있어서 가장 적극적으로 해야 할 것과 가장 피해야 할 것이 있다면요?

이수진 어떤 제약도 두지 마라, 자유로웠으면 좋겠다. 그게 단편의 매력이죠. 길게 이야기할 것을 짧게 축소해서 표현할 수 있다면 얼마나 가치 있어요. 짧게 짧게 경제적으로 영화를 만드는 것도 좋다는 이야기를 해주고 싶어요. 현장의 경우에는 어떤 일이 벌어질지 모르잖아요. 내가 계획했던 대로만 되는 게 아니니까요. 변수가 너무 많아요. 최대한 여러 안들을 가지고 나갈 필요가 있다, 그만큼 준비를 많이 해야 한다. 이 영화를 끝까지 책임지고 완성하는 책임은 감독에게 있기 때문인데요. 게다가 단편은 1회차 촬영에서도 엎어질 수가 있어요. 그래서 더욱 준비를 철저히 해야 하고요. 한편으로는 너무 많은 제작비가 들어가지 않게끔 경제적으로 가야 해요.

박정범 모든 영화가 마찬가지이겠지만, 단편은 특히 자기가 제일 잘할 수 있는 것, 자신이 구축하고 싶은 세계관에 맞춰 이야기 만드는 것, 짧지만 강렬하게 독창적으로 만들 수 있는 것이 뭔지 고민해야 해요. 요새 이런 게 좋대, 이런 게 상을 받는대, 이런 생각 자체를 지우고 '나는 누구인가?'에서부터 시작하는 거예요. 그리고 내가 가지고 있는 돈에 맞춰서 시나리오를 써야 해요. 저도 가끔 단편을 만들고 싶어요. 그래서 틈만 나면 단편 시나리오를 써요. 그럴 때마다 아직도 돈을 생각해요. 이건 얼마가 들어가겠다, 이 단편은 몇 회차가 되겠다 등등. 이런 식으로 논리적인 사고가 더 필요해요. 상업영화에서라면 그런 걸 신경 안 써도 돼요. 시나리오 쓰고 이걸로 제작비를 얻어 오면 그 다음부터는 프로듀서가 하면 돼요. 하지만 독립영화, 특히 단편은 감독 혼자 시스템을 만들어야 해요. 안일하게 얼마 정도면 되지 않을까, 했다가는 제작비는 '따따블'로 올라가고 어렵게 완성하더라도 영화제에서 떨어져서 피눈물 흘리는 거죠. 함께했던 사람들도 다 떠나고 말이죠.

이수진 하나 더 얘기하고 싶은 게 있어요. 자신과 타협하지 않았으면 좋겠어요. 영화를 만드는 순간만큼은 '이 정도면 됐어'는 없다. 그리고 '습작'도 없다. 개인적으로 이 단어를 싫어해요. 모든 작품이 감독에게는 대표작이 될 수 있어요. 지금 영화를 만들어도 다음에 못 만들 수도 있는 게 영화거든요. 내가 지금 만드는 작품이 마지막이 될 수도 있기 때문에 더더욱 '이 정도면 됐어'라는 마인드는 위험한 거예요.

· 박정범 감독 단편 필모그래피 　　　· 이수진 감독 단편 필모그래피

〈사경을 헤매다〉(2000) 　　　　〈아빠〉(2004)

〈125 전승철〉(2008) 　　　　　〈아들의 것〉(2006)

〈일주일〉(2012) 　　　　　　〈적의 사과〉(2007)

· 인터뷰어 _ 허남웅 (영화평론가)

　〈딴지일보〉와 〈필름2.0〉 영화팀장, 서울아트시네마 프로그래머를 역임하였
으며 현재 영화평론가로 활동 중이다. 〈순수의 시작〉, 〈영화로 톡하다〉(이상
케이블TV vod), 〈호란의 파워 FM〉(SBS 라디오), 〈김갑수의 마이웨이〉(TBS
라디오), 〈문화공감〉(KBS 라디오)에 출연 중이며 〈아레나〉, 〈시사저널〉 등
의 매체에 글을 기고하고 있다.

상상력과 무모함으로 장르를 뛰어넘고 싶다!
- 조성희, 엄태화 감독 인터뷰

송경원(<씨네21> 기자)

어느덧 15회를 맞은 미쟝센 단편영화제의 역사를 돌이켜봐도 대상 수상작
은 단 3편(2002년 신재인 감독 〈재능있는 소년 이준섭〉, 2009년 조성희 감
독 〈남매의 집〉, 2012년 엄태화 감독 〈숲〉)뿐이다. 그중 1회를 제외하고 2편
의 대상이 '절대악몽' 섹션에 돌아갔다는 사실은 한 번쯤 짚고 넘어갈 필요
가 있다. '절대악몽'이 특별히 재미있어서가 아니다. 차라리 장르 속에 장르
를 넘어서는 다양한 요소들이 들어 있다는 증거가 아닐까 한다. 장르영화
제를 표방하고 있지만 미쟝센 단편영화제가 지향하는 장르의 개념은 제한
이라기보다는 장르의 확장에 가깝게 다가온다. 공포영화이면서 공포영화라
는 장르만으로는 묶이지 않는 신선한 상상력이 이 두 편의 영화에 깃들어
있다. 이미 장편 데뷔를 하고 활발한 활동을 이어 가고 있는 조성희, 엄태화
감독을 만나 단편영화의 힘과 매력에 대해 물었다. 장르가 무엇인지, 공포영
화의 정의가 무엇인지, 어떤 단편영화들을 만나고 싶은지에 대한 답을 듣다
보니 어느새 단편영화에 대한 두 감독의 진한 애정고백의 장이 이어졌다. 조
성희, 엄태화 감독이 여전한 열정과 상상력으로 들려주는 단편영화의 가능
성이 여기에 있다.

단편영화, 그 참을 수 없는 충동

송경원 현재는 장편 감독으로 데뷔해 활발히 활동을 이어 가고 계십니다. 장편 작업을 해보니 단편 때랑 어떻게 다르던가요.

엄태화 결과물이 길고 짧을 뿐이지 사실 찍는 과정은 크게 다를 거 없는 거 같아요. 이야기를 만드는 과정에서 미묘하게 다른 점은 있겠죠. 단편은 조금 더 짧은 감정이나 느낌 같은 것만으로도 영화가 만들 어지는 것 같은데, 장편은 여러 가지 것들을 하나로 묶어주고 관통 하는 감정 라인이 좀 더 분명해야죠. 그게 없으면 관객이 120분 정 도를 앉아서 보는 게 쉽지 않을 거예요. 물론 그렇지 않은 장편들도 있기는 하지만 대다수의 상업영화들은 관객의 몰입을 유지하는 걸 중요하게 생각하죠.

조성희 제 생각엔 단편은 조금 더 개인적인 작업 같아요. 내 생각을 제대로 옮기는 게 더 중요하죠. 반면 장편은 상대적으로 관객의 입장에서 한 번 더 생각하게 돼요. 주변의 반응도 중요하고 보는 사람을 계속 염두에 두고 작업을 하게 되는 것 같아요. 작업의 중심이 이쪽에 있 느냐 저쪽에 있느냐 하는 게 가장 두드러지는 차이가 아닐까 싶네요.

엄태화 적극 공감합니다. 저도 단편 작업하다가 처음으로 〈잉투기〉(2013)를 만들었을 때 그런 호흡을 계산하지 못해 실수를 많이 한 기억이 있 어요. 단편 시나리오로 작업할 때처럼 에피소드를 쓰고 늘려 붙이 다 보니 결과적으로 에피소드를 나열한 것처럼 보이더라고요. 그 차 이와 감각을 받아들이느라 초반에 많이 힘들었죠.

송경원 소재를 고를 때는 단편과 장편의 차이가 없나요?

엄태화 단편, 장편으로 구분할 문제는 아니고 사람마다 혹은 케이스마다 다르겠죠. 다만 전체적인 방향에서 보면 방금 조성희 감독님이 말씀하신 것처럼 단편은 주로 개인적인 것에서 출발하는 경우가 많습니다. 개인적으로는 주로 어떤 이미지에서 시작하는 것 같아요. 어떤 주제나 테마를 잡고 소재를 찾아가는 분들도 있지만 저는 좀 더 단편적인 조각들에서 영감을 얻어요. 그래서 결과물도 좀 더 개인적인 색깔이 강하게 드러나는 건지도 모르겠네요. 물론 아직 상업 장편은 보여드리지 않았지만요.(웃음)

조성희 많은 작가, 감독, 예술가들이 비슷할 거라 예상하는데 처음에는 되게 사소하고 작은 충동에서 출발하는 것 같아요. 그냥 아무 이미지에서나 시작할 수도 있고, 아니면 어떤 한 문장에서 시작할 수도 있고, 진짜 어떤 한 단어에서 시작할 수도 있고. 말 그대로 케이스 바이 케이스죠. 대부분 견고한 논리나 명확한 주제에서 시작하기보다는 막연히 '아, 이거 하면 진짜 재미있을 것 같은데…' 하다가 점차 생각을 구체화시키겠죠. 이를테면 어떤 '충동'이라고 표현해도 좋겠네요.

송경원 <씨네21> 기자,
엄태화 감독,
조성희 감독
(좌측부터 시계방향)

송경원 〈남매의 집〉의 경우엔 어땠나요? 영화아카데미 졸업 작품으로 만든 영화인데요.

조성희 크게 다르지 않아요. 굳이 차이가 있다면 '아, 이런 설정을 학교 바깥에서 만들긴 힘들 것 같은데'라는 정도?(웃음) 이 이야기가 왜 재미있냐고 물으면 사실 구체적으로 할 말은 없는데…… 여하튼 그냥 재미있을 것 같아서 하게 되는 거 같아요. 근데 경험상 그렇게 시작할 때가 제일 재미있는 경우가 많죠. 사실 뭔가를 상상하고 만들 땐 크고 작은 저항과 자기 검열에 부딪히게 되잖아요. 그런 불만, 불안들을 뚫고 나가려면 '이거 만들어지고 나면 두고 보자' 하는 고집? 결기? 그런 감정적인 동기가 필요하죠.

송경원 〈남매의 집〉은 미장센 단편영화제 대상을 비롯해 2009년 단편영화에 주어지는 거의 모든 영광을 휩쓸었습니다. 하지만 처음 공개했을 때 내부 반응이 호평 일색은 아니었다고 하던데.

조성희 네. 장난 아니었죠.(웃음) 근데 그건 매 작품마다 다 그랬던 것 같아요. 항상 걱정 어린 시선이 있고, 스스로를 믿기 힘들게 되죠. 아까는 장난스럽게 '두고 보자'고 표현했지만 사실 만들 때에는 고되기도 하고 매일매일 피곤하니까 그냥 어떻게든 잘 수습됐으면 하는 마음이 제일 커요. 그래도 이왕 시작한 거니가 잘 해보자는 생각으로 버티는 거죠. 아카데미 때는 어쨌든 학생 작품이어서 매번 교수님과 친구들에게 검사를 맞잖아요. 그럴 때마다 오늘은 좀 덜 혼났으면, 오늘은 좀 칭찬을 들어봤으면 하는 마음이 제일 컸어요. 저는 지금도 누군가에게 혼나는 게 제일 무서워요.(웃음)

송경원 늘 완성된 단편을 편하게 감상하는 입장이라 실제 만들어지는 과정이 궁금합니다. 〈숲〉은 기획에서 제작까지 얼마나 걸렸나요?

엄태화 〈숲〉은 영화아카데미 커리큘럼 안에서 만든 작품이라 완전 밖에서 독립적으로 만든 것과는 차이가 있습니다. 같이 공부했던 친구들이 스태프로 다 들어오고 학교에서 어느 정도 지원도 해주니까 상대적으로 편하죠. 저는 학교 바깥에서도 작업해보고 안에서도 만들어봤는데, 사실 밖에서 만들면 돈도 돈이지만 사람들 모으는 게 되게 힘들거든요. 그런 점에서 영화아카데미는 영화를 만들고 싶은 사람들에겐 정말 좋은 환경입니다. 〈숲〉을 기준으로 말씀드리면 아이템 잡는 거에서 편집 끝날 때까지 4개월에서 5개월 정도 걸렸던 거 같아요.

조성희 저는 단편은 많이 만들어보지 않아서 궁금하네요. 아카데미 전에는 제작비를 어떻게 조달했어요?

엄태화 주로 영화 현장에서 아르바이트 하면서?(웃음) 장편영화 연출부로 일하다가 그거 끝나고 하면 돈 모아서 단편 하나 만들고, 다시 연출부하고 이런 식이죠. 사실 연출부 하다 보면 바빠서 돈 쓸 일이 별로 없어서 의외로 돈이 금방 모여요.(웃음) 근데 또 현장에 있다 보면 '아, 내 것 빨리 만들고 싶다' 하는 욕구불만 상태가 되죠. 영화 끝나고 나면 시간도 많고 돈도 생기니까 자연스럽게 만들게 되더라고요.

조성희 와… 진짜 부지런하시네요. 힘들게 번 돈을 작품에 투자하기에는 진짜 거의 웬만한 의지가 아니면 힘들 것 같은데. 그러면 연출부할 때 현장에서 '아 왜 저렇게 하지? 나라면 저렇게 안 할 텐데 답답하다'는 부분도 있겠죠?

엄태화 노코멘트 하겠습니다.(다 같이 웃음)

송경원 여러 아이디어 중 이건 영화로 만들어봐야겠다는 결심을 하게 되는 계기가 있을까요.

엄태화 저는 주로 이미지에 꽂히는 것 같아요. 이야기 듣다가도 이야기 속에서 어떤 한 이미지 같은 걸 발견하게 되면 그걸 끝까지 가져가보고 싶어지죠. 〈숲〉은 동생(엄태구)이 학교에서 영화를 만들다가 겪은 에피소드에서 착안했습니다. 어떤 남자가 숲에서 자살을 하려다 포기하는 장면을 찍으러 갔는데 실제로 줄이 안 풀리는 바람에 매달려서 죽을 뻔 했다고 하더라고요. 그 상황이 주는 어떤 이미지가 있었어요. 만약에 같이 갔던 친구가 상대한테 미묘한 감정을 가지고 있었으면 어떻게 됐을까 하는 상상. 영화는 거기서 처음에 시작을 했어요. 물론 그것 말고도 제가 원래부터 관심이 많았던 꿈에 대한 이야기 등이 합쳐지면서 좀 더 복잡해졌죠. 〈잉투기〉도 그런 잉투기 대회가 있다는 얘길 듣고 자료를 수집하는 과정에서 어떤 이미지가 하나 잡혔어요. 피투성이 된 남자랑 밀가루 뒤집어쓰고 있는 여자가 마주보고 서 있는 이미지가 떠올라서 그 이미지를 잡고 시작했던 거죠.

조성희 저는 뭐 다양한 것 같습니다. 엄태화 감독님처럼 어떤 한 장면에 꽂혀서 거기서부터 시작할 때도 있고, 누구랑 이야기하다가 문득 떠오른 것도 있죠. 만화책을 보다가 생각날 때도 있고. 어찌 보면 그런 순간을 기다리는 거죠. 그냥 이것저것 경험해보면서 파고 싶은 이야기가 나타날 때까지. 그런 것들은 사실 진짜 직관에 의지할 수밖에 없는 부분이 있는 것 같아요.

송경원 〈남매의 집〉과 〈숲〉은 미쟝센 단편영화제에서 대상을 받은 작품입니다. 대체로 칭찬을 많이 들었겠지만 또 다른 평가들도 있었을 텐데요. 가장 기분 좋았던 평가와 가장 혹독하게 다가왔던 평가 중 기억나는 게 있으신가요.

조성희 만드는 과정에서는 전반적으로 지적이 난무했죠.(웃음) 아카데미 수업 중 편집 검사받는 과정이 있었는데 엄청 야단맞았습니다. 그때 동기 중 한 명이 "그냥 이상한 대사가 있었는데 그것만 빼면 영화 괜찮을 것 같다"고 해줬을 때 구사일생으로 살아난 느낌이었어요. 단 한 사람이라도 괜찮다고 해주니까. 마음이 아팠던 것은 선생님 중 한 분이 시나리오 보고 재미있을 줄 알았는데 결과물이 아쉽다고 하셨을 때 죄송스러웠죠.

엄태화 평가는 아니지만 스스로를 되돌아보게 된 말씀은 있었습니다. 〈유숙자〉(2009)로 아카데미 면접을 봤는데 정성일 선생님께서 이거 왜 만들었냐고 물으셨거든요. 그때 제가 작품 의도를 장황하게 설명하니 가만히 듣고 계시다가 "그냥 네가 만든 진짜 이유를 말해보라"고 하시더라고요. 설명은 다 했는데 뭘 더 말하라는 건지 몰라서 한참을 당황하다가 마지막에야 "영화제에 가고 싶어서 만든 거"라고 했죠. 근데 그게 맞는 거예요. 스스로에게도 솔직하지 못했던 거죠. 실제로 초반에는 영화제 노리고 만들었거든요. 〈선인장〉(2004) 땐 영화제가 원하는 주제로 찍어봤다가 잘 안 되고, 〈유숙자〉 땐 기술력과 완성도로 승부를 봐야겠다고 했다가 또 안 되고. 그렇게 하다 보니 어느 순간 내려놓게 되더라고요. 그냥 내가 재미있는 걸 하자는 마음이릴까요. 〈숲〉 찍을 때는 욕심도 없었고, '잘되면 좋은데 안되면 어쩔 수 없지' 이런 마음으로 했던 것 같은데, 그러다 보니까 속에 있던 게 더 잘 나오지 않았나 싶어요. 제 생각엔 정성일 선생 님의 말씀을 들은 이후에야 솔직하게 만들 수 있었던 것 같아요.

송경원 감독들에 의해 꾸려지는 미장센 영화제인 만큼 선배 감독님들에게 도 조언을 들었을 것 같은데.

조성희 뒤풀이 때 류승완 감독님이 뒤에 컷이 몇 개 이상한 게 있었다고 하 셨어요. 약간 술에 취해서 이런저런 지적을 해주셨는데, 저도 그때 취해서 제대로 못 알아들었습니다.(웃음)

엄태화 저는 류승완 감독님이 심사를 하진 않으셨는데 나중에 쓰윽 보시 고 내가 심사했으면 안 뽑았을 거라고 농담조로 말씀하시더라고요. 윤종빈 감독님이 적극적으로 지지해주셔서 수상한 거라고 들었습니 다. 감사한 일이죠.

송경원 류승완 감독님 이야기하니까 생각이 났는데요. 엄태화 감독님과 엄 태구 배우님은 류승완, 류승범 형제에 이은 충무로의 형제 영화인 으로 주목을 받고 있습니다. 〈숲〉 대상받은 해에 류승완 감독님이 술자리에서 그런 이야기를 하셨거든요. 농담으로 류승완, 류승범 이외에 형제 감독─배우 나오면 우리 입지가 좁아진다고, 싹을 밟아 놔야 한다며 안 뽑아야 된다고요. 그만큼 되게 인상적이었던 거죠. 제2의 류승완, 류승범이란 평가가 나올 만큼 호흡도 좋은데요.

조성희 근데 두 분은 별로 안 닮은 것 같아요. 감독님은 약간 곱상한 얼굴 인데 엄태화 배우는 터프한 남성미가 있잖아요.

엄태화 어떻게 보면 닮았는데… 이미지가 너무 달라서 그런 것 같아요. 눈, 코, 입 다 뜯어서 보면 되게 닮았거든요. 사실 류승완 감독님이랑 류승범 배우도 엄청 다르게 생겼는데… 어쨌든 형제가 함께 작업을 한다는 것 자체가 되게 특이한 경우니깐 그런 것 같아요. 저희들에 겐 영광이죠. 실제로 류승완 감독님께서 그렇게 말씀하셨지만 옛날 생각난다고 하시면서 엄청 잘 챙겨주세요. 동생도 그렇고 저도 그렇고.

엄태화 감독

송경원 어쨌든 두 분 다 상업영화를 연출해본 입장에서 장편과 단편의 작 업 과정이 어떻게 다른지 좀 더 구체적으로 말씀해주실 수 있나요.

조성희 단순하게는 돈이 더 많이 들어가죠.(웃음) 단편은 영화의 처음부터 끝까지 내가 온전히 장악할 수 있는 느낌입니다. 모든 걸 다 확인하 고 영화 깊숙이 들어가는 거죠. 그만큼 할 일도 많고 업무량도 살인 적입니다. 〈남매의 집〉의 경우 아카데미 커리큘럼을 따랐는데 촬영 회차는 10회 정도지만 프리 프로덕션 과정까지 감안하면 거의 1년 동안 그 하나에만 매달린 셈입니다. 반면 장편영화는 오히려 좀 더 주변에 의지할 수 있는 분위기예요. 실제 업무량은 더 많고 내 손이 닿지 않는 부분도 상당하지만 그런 부분들은 다른 전문가들의 도움을 받을 수 있죠. 물론 이런 차이들은 장단점의 문제는 아니라고 봅니다. 어쨌거나 이제는 상업영화의 환경과 시스템에 익숙해져야 하는 입장이니까요.

엄태화 〈잉투기〉 때는 단편영화 찍을 때와 비슷했습니다. 지금 작업 중인 〈가려진 시간〉(2016)은 조성희 감독님이 말씀하신 것과 비슷한 것 같아요. 단편영화는 친구들과 함께 작업하는 기분이었고 내가 처음부터 끝까지 일일이 신경을 썼다면 장편영화는 참여 스태프들이 워낙에 다 프로들이고 나보다 잘하시는 분들도 많아서 내가 함부로 터치하기 조심스러운 부분이 있는 게 사실입니다. 어떻게 보면 일은 많아도 체력적으로나 정신적으로나 좀 더 내려놓고 더 편안하게 작업할 수 있는 부분이 있죠.

송경원 두 분 다 만약에 혹시 또 기회가 되신다면 단편영화를 찍고 싶으신가요.

조성희 물론이죠. 진짜 지금 당장이라도 단편영화 찍을 수 있다면 너무너무 찍고 싶어요. 미쟝센 단편영화제에 출품된 영화들을 볼 때 기대하는 것들이 있습니다. 얼마나 자유로운가, 얼마나 뻔뻔하고 얼마나 용기 있는가. 설사 자신 없는 분야일지라도, 외적인 장애들이 많아도 일단 저지르고 보는 똘기랄까요. 그런 것들이 되게 소중하고 귀하다고 생각하거든요. 저도 그런 에너지들을 다시 한 번 느껴보고 싶은 마음이 있죠. 훨씬 더 개인적이고, 충동적이고, 자유로운 경험들을 언제든 다시 맛보고 싶어요. 기회만 된다면 말이죠.

엄태화 저도 비슷합니다. 앞으로도 중간중간 계속할 생각이 있어요. 이제까지 그랬던 것처럼 제 돈을 들여서라도 말이죠.(웃음) 저는 단편영화들을 보면 일기 같다는 생각이 들기도 합니다. 그 시절의 내가 어떤 고민을 하고 어떤 한계에 부딪쳤는지 훤히 다 보이죠. 상업영화에서는 그런 걸 표현하기 어려운데, 무의식이 드러나거나 속에 있던 트라우마나 이런 것들이 나중에 보면 저도 모르게 들어가 있고. 이런 게 너무 재미있어요. 일기장을 나중에 들춰보면 재미있고 아련하잖아요? 그런 느낌을 계속 느껴보고 싶어요.

조성희 근데 옛날에 만든 작품들 보면 그런 느낌 없어요? 미쳤나? 내가 왜 이랬지 하면서 얼굴이 화끈거리는 기분.(다 같이 웃음) 지금 보면 다시 못 보겠어요. 이걸 어떻게 만들었지 싶어서.

엄태화 '참 병신 같다'는 생각이 드는 게 좋은 거죠.(웃음)

송경원 관객들은 잘 만들어진 단편영화를 즐기면 그만이지만 가끔 만드는 사람 입장에서 생각할 땐 단편영화를 왜 만드는 건지 궁금할 때가 있습니다. 상업적으로 돈이 되는 건 아니고, 어떤 보상이 돌아오는 것도 아닌데요. 지금 두 분 말씀이 그에 대한 대답이라고 봐도 될까요? 근본적인 질문을 드리자면 두 분은 왜 단편영화를 만드셨나요?

조성희 솔직히 단편영화로 돈을 벌려고 하는 사람이 있을까 싶어요. 감독이라면 감독 자신이 하나의 창작자로서 거듭난다는 의미가 있겠죠. 아까 일기를 쓰는 것 같다고 말씀하셨는데, 영화과 학생들 시나리오들 보면 진짜 경험담이 반 이상이에요. 자기가 충격적이었던 일, 자기가 슬펐던 일, 기뻤던 일을 표현하는 거죠. 단편영화는 그런 것들을 짚어보고 표현하는 법을 익히는 과정이라고 생각해요. 단편을 만들 때에는 자기의 마음속에 있는 것들을 한번 풀고 그래야지 좀 더 오히려 순수하게 그 다음 단계를 밟을 수 있는 것 같거든요.

엄태화 그 질문 자체가 뭔가를 할 때 놓지 않고 생각해야만 하는 거라고 봅니다. 만약에 단편을 찍는다고 한다면 내가 이걸 왜 하는지, 목적이 뭔지를 분명히 알아야 해요. 목적이 다른 데 가 있으면 그 작업 자체가 거짓말이 되어 버리는 것 같거든요. 제가 그런 과정을 많이 겪었기 때문에 드릴 수 있는 말입니다. 말씀하신 것처럼 그냥 이게 좋아서, 이게 재미있어서, 이걸 가지고 뭔가 만들었을 때, 그에 대한 사람들 반응을 뒤에서 숨어 보는 것도 재미있고요. 연출하는 사람들은 대부분 관음증이 있다고 생각하거든요. 숨어서 보는 거, 나의 내면이 드러나는 게 무섭기도 하면서 한편으로는 숨어서 반응을 보는 게 재미있는…

조성희 단편영화를 보러 가는 사람들의 마음가짐도 일반 관객과는 다르다고 봅니다. 기존 상업영화의 10분, 20분 버전의 영화를 보러 가는 건 아니겠죠. 뭔가 다른 걸 기대하고 가는 거죠. 아까 엄태화 감독님도 갈증과 욕망을 말씀하셨잖아요. 그 욕망이란 게 단편을 만들어서 입신을 해야겠다는 마음은 아니잖아요. 그냥 뭔가를 만들고 싶은 마음이죠. 빨리 카메라를 가지고 나가서 뭐라도 빨리 찍고 싶은 마음. 요리를 만드는 요리사분들도 과연 요리를 왜 하지? 이러면 사실 이유는 없고, 그냥 이렇게 생겨먹은 사람들의 숙명인 것 같아요. 무조건 하고 싶고, 나도 모르는 사이 내가 하고 있는 것. 그게 가장 정확한 이유라고 생각합니다.

송경원 화제를 조금 바꿔볼까요. 미쟝센 단편영화제는 국내 유일 장르 영화
제를 표방하고 있습니다. 그런데 솔직히 〈숲〉과 〈남매의 집〉을 '절대
악몽' 섹션에 놓아야 하는지 잘 모르겠습니다. '비정성시' 부문에 놓
아도 어울릴 거라고 생각했거든요. 스스로 공포영화라는 자의식을
가지고 찍었나요.

엄태화 장르는 영화의 성격을 편하게 구분하려고 만든 개념입니다. 미쟝센
단편영화제에서도 장르를 구분하고 있지만 사실 다 섞여 있지요. 〈숲〉
을 처음 구상할 땐 공포라는 생각은 없었습니다. 오히려 아다치 미
츠루 만화 같은 풋풋한 감성, 삼각관계에서 비롯되는 열등감을 우
정과 질투 등으로 녹여 풀 생각이었죠. 실제로 영화를 찍는 동안이
나 시나리오 쓸 때 델리스파이스의 〈고백〉을 계속 들으면서 썼어
요. 그리고 나서 영화를 다 찍고 편집을 하면서 봤는데 너무 차가운
거예요.(웃음) 풋풋하고 말랑한 감정들보다는 차갑고 무서운 공기가
지배적이더라고요. 그렇게 영화가 저절로 그 방향으로 만들어진 것
같아요.

송경원 개인적으로 〈숲〉이 무서웠던 건 그 두 가지 다른 톤의 온도 차 때
문이 아닌가 싶습니다. 아다치 미츠루 같은 화면들도 있잖아요, 과
수원처럼 되게 화사한 장면들은 아다치 미츠루 만화를 연상시키는
데 막상 숲에 들어갈 때 또 완전히 어두워지죠. 거기에 꿈인지 현실
인지 모르는 것들이 섞여 있으니깐 언제 분위기가 바뀔지 모른다는
점이 무서웠습니다.

엄태화 공포물을 만들이야지 하고 의식해서 집근할 때보다는 그 열등감과 죄책감 사이에서 느껴지는 그 어떤 한순간이 공포를 주는 것 같아요. 제가 생각하는 공포는 보여주고 싶지 않은 속마음을 들킬 때가 아닐까 싶습니다. 숨기고 싶었던 것들이 외부적으로 드러나는 순간 본인은 물론 그걸 지켜보는 사람들도 공포를 느끼지 않을까 생각합니다. 물론 그걸 보여주려고 한 건 아니고 결과적으로 그런 효과에 도달한 거라 볼 수 있겠네요.

〈숲〉(2012)

조성희 〈숲〉은 여러 가지 얼굴이 있는 거 같아요. 저는 코미디적인 요소들도 상당히 봤습니다. 멜로, 코미디, 스릴러 등 여러 요소를 보면서 애초에 호러 장르를 목표로 두고 만든 건 아니라고 느꼈습니다. 〈남매의 집〉도 마찬가지죠. 처음부터 호러를 만들려고 만든 건 아니거든요. 장르는 일종의 도구입니다. 장르 자체가 목적인 영화도 있지만 대부분은 이야기가 우선이죠. 이야기를 변형하고 표현하고 발전시켜 나가는 과정에서 발생하는 것이 장르로 불리는 특정 스타일이죠.

송경원 효과적인 공포란 어떤 걸까요. 공포를 자아내는 방식과 긴장을 자아내는 방식에 차이가 있나요.

조성희 글쎄요. 막연하게 표현하자면 공포란 눈을 감고 있는 게 아닐까 하는 생각이 스쳐지나갈 때가 있어요. 단순하게 눈 감고 걸으면 되게 무섭잖아요. 부딪힐까 봐 무섭고, 누가 날 해코지하지 않을까 무섭고. 여기서 무서운 건 대상이 아니라 모른다는 사실이죠. 아는 사람보다는 낯선 사람이 더 무섭고, 그 낯선 사람이 불가해한 행동을 할 때 더 무섭고. 대상의 실체를 알 수 없는 상황에서 앞으로의 일도 예상이 좀 안 되는 상황이 공포의 근원이 아닐까 생각해요. '내가 알지 못한다'라는 상태.

송경원 〈남매의 집〉은 창의적인 공포영화의 모범 사례로 평단의 지지를 받았습니다. 세계의 종말과 폐쇄적인 공간에 갇힌 인물들. 사실 새로울 게 없는 설정인데도 왠지 무시무시합니다. 개인적으로는 엔딩 이후 펼쳐질 상황이 무섭게 느껴졌습니다. 동생이 다시 돌아왔을 때 동생은 배신감을 느낄 테고 오빠는 죄책감에 시달릴 것 같고, 모든 건 변해 버린 상태죠. 이걸 공포라고 불러도 될지 잘 모르겠지만요.

조성희 그렇게 받아들인다면 그것도 하나의 가능성이겠죠. 영화도 그렇고 만화, 드라마, 음악 등 소위 말하는 이야기들이 다 재미있는 점이 뭐냐면, 만든 사람의 의도와 그걸 즐기고 보는 사람들의 해석이 일치하지 않는다는 사실입니다. 그래서 더 재미있는 것 같아요. 제 경우엔 〈숲〉에서 꿈이랑 현실이랑 불분명한 지점들이 재미있었습니다. 물론 다른 영화적인 재미들도 많이 있었지만 저에겐 그 부분이 더 크게 와 닿은 것 같아요. 제 나름대로 해석하기도 했고요. 그런 해석들은 엄태화 감독님이 그런 것을 의도하지 않았든 의도했든 상괜없는 관객민의 놀이죠. 창작자가 미저 예상하지 못한 해석과 반응들, 그런 것들이 다시 이야깃거리가 되고, 또 어떤 반응을 보이면 창작자가 그 반응을 다른 작품에 반영하는 일련의 과정, 큰 범주에서 일종의 대화라고 생각합니다. 사실 영화를 비롯한 창작물들이 명징하고 정확한 것들이라면 시시할 것 같아요. 누가 누굴 가르쳐주거나 어떤 것을 가감 없이 전달하는 게 목적이 아니니까요. 사실 〈숲〉을 보고도 저 나름의 해석이 있었어요. 〈숲〉은 다양한 층위가 겹겹이 포개진 영화라고 생각합니다. 하지만 엄태화 감독님에겐 일부러 안 물어봤어요. 왜냐하면 저는 제 해석을 혼자 간직하고 싶거든요. 감독님이 무슨 말을 하든 저한테는 감독님이 틀린 거고 제 해석이 맞는 거죠. 그게 영화의 재미라고 생각합니다.

〈남매의 집〉(2009)

엄태화 아까 눈 감고 있는 게 무섭다고 하셨는데, 그 말이 참 와 닿습니다. 사실 〈남매의 집〉도 그렇고 〈짐승의 끝〉도 그렇고 미지의 대상에 대한 감정을 제대로 잡고 있다고 생각합니다. 예를 들면 이런 거죠. 어제 제가 이태원에 갔어요. 밤에 비도 오는데 뒤에서 외국인들이 술

짧은 영화, 긴 이야기

먹고 막 소리 지르면서 오는데 그냥 너무 무서운 거예요. 어떻게 보면 제 편견일 수도 있는데요. 저는 우산 쓰고 가고 있었는데 우산도 안 쓰고, 아무 짓도 안 했지만 그냥 그 순간이 무섭더라고요. 뒤에서 저를 막 어떻게 할 거 같고, 칼로 찌를 것 같기도 하고… 너무 무서워서 엄청 빨리 걸어갔죠. 이런 식으로 비가 오는 어두운 분위기와 아까 말씀하신 것처럼 예측되지 않는 것, 내가 모르는 존재들이 막연한 불안감을 줄 때가 있죠. 〈남매의 집〉은 그런 느낌의 공포를 진짜 잘 캐치하고 잘 잡아낸 영화라서 좋았습니다.

송경원 〈남매의 집〉은 2009년 당시 '올해의 공포영화 발견'이란 칭찬을 받았죠. '절대악몽' 섹션을 목표로 한 영화였나요.

조성희 설마 그럴 리가요. 그 영화를 미쟝센에 내게 될 줄도 몰랐는데.(웃음) 늦은 나이에 영화를 시작한 편이라 영화의 '영' 자도 모르던 시절입니다. 지금도 많이 알고 있는 것 같진 않지만. 영화아카데미도, 미쟝센 영화제도 주변 지인들이 알려준 곳들이니 애초에 목표로 삼을 수가 없었죠. 근데 막상 내려고 하니 다른 섹션에는 들어갈 데가 없는 것 같더라고요. '4만번의 구타'는 액션인데 액션이 있는 영화도 아니고. 특정 장르를 표방하긴 좀 애매했어요, 미쟝센에서 약간 애매한 것들은 다 '절대악몽'으로 출품하는 게 아닐까 하는 생각이 드네요.(다 같이 웃음) 좀 어둡고 긴장감 있으면 무조건 절대악몽!

송경원 말씀처럼 장르는 정의 내리기 어려운 개념입니다. 마음속에 그리는 공포도 각자 제각각이겠지요. 조금 다르게 물어보죠. '절대악몽'은 무엇을 보여주고, 어떤 걸 볼 수 있는 섹션일까요.

엄태화 저를 포함해 미쟝센에 출품하시는 감독님들은 두 가지 목적이 있는 것 같습니다. 그간의 성과를 보여주고 싶은 마음이 드는 한편으로 무언가를 넘어서고 싶은 마음이 있어요. 이걸 넘어서야지 하는 마음을 먹게 만드는 구체적인 틀이 아마도 장르가 아닐까 싶어요. 형식에 갇히지 않고 계속 한계 다음을 보려고 하죠.

조성희 미쟝센에 오면 반가운 건 비슷한 생각을 하는 분들이 많다는 거예요. 장르에 갇혀 있거나 맞추기보다는 오히려 그런 제약을 계속 넘어서려고 하고, 그런 와중에도 잘 어울리도록 만들려고 하고. 영화 말고 다른 요소들을 크게 염두에 두지 않는 분위기가 되게 반갑고 고맙습니다. '절대악몽' 섹션도 절대악몽이라고 생각하고 보면 그 틀에 맞게 보이는 것들도 있을 겁니다. 무섭다고 생각하면 무섭지 않은 것들도 무섭게 느껴질 때가 있지요.

조성희 감독

송경원 엄태화 감독님은 현장에서 경험을 쌓으며 꾸준히 단편 작업을 해 오셨습니다. 한편 조성희 감독임은 인디밴드의 뮤직비디오도 만들었고, CG회사를 차리기도 했고, 괴수영화 크리처 작업도 했습니다. 그야말로 영상 분야에서 해볼 수 있는 건 다 해본 것 같은데 영화 작업에도 도움이 되었나요.

조성희 디자인 전공을 했는데 그런 것들이 직접적으로 영화에 도움이 된다거나 영향이 있다고 생각하지는 않습니다. 애니메이션 등 여타 작업을 한 것도 비슷합니다. 체감적으로 어떤 부분이 강점이 있고 어떤 부분이 불리한지는 와 닿지 않아요. 다만 그런 경험들을 포함해 살아온 과정이 다 알게 모르게 작업에 녹아들긴 하겠지요. 엄태화 감독님이야 워낙에 테크닉도 좋으시고 영화의 ABCD를 체계적으로 꿰뚫고 계시잖아요. 근데 저는 그 때도 잘 몰랐고 지금도 잘 모르는 것 같아요. 그저 여러 경험들, 사소한 만남들까지 다 알게 모르게 반영되는 거라 생각해요.

엄태화 장편영화는 저보다 훨씬 선배이신데 왜 그러세요.(웃음) 그건 저도 마찬가지인 것 같습니다. 결국은 자기 안의 이야기를 자기가 잘하는 방식으로 하는 거죠. 모자라다고 느끼면 필요한 걸 배우면서요. 조금씩이라도 나아지는 게 보이면 만족하며 앞으로 나갈 수 있는 거 아닐까 합니다.

송경원 조성희 감독님 전작을 쭉 찾아보다가 궁금해진 영화가 한 편 있습니다. 아카데미 입학 때 포트폴리오로 냈다는 단편 〈트로피칼리아〉(2007)는 어떤 영화인가요.

조성희 아… 제목만 들어도 갑자기 소름이 돋네요. 등골이 서늘합니다.(일동 웃음) 지금 생각해보면 그게 영화인가 싶어요. 줄거리도 없고. 그 때 데이빗 린치를 너무 좋아해서 따라 해보자는 생각으로 만들었거든요. 마침 카메라도 새로 생겨서 그런 게 생기면 뭔가 찍어보고 싶같이요. 괜히 막 괴물 나오고, 기묘한 효과음 깔아보고. 줄거리는 어떤 사람이 길을 걷는데 비닐봉지를 들었더니 그 속에 사람 머리가 있거든요. 근데 그걸 어디로 배달을 해야 하고 뭐 그런 내용이에요. 지금 생각해보면 어떻게 그런 걸로 합격했는지 모르겠어요.(웃음)

 ## 상상력과 무모함, 단편영화의 힘

송경원 미쟝센 단편영화제는 관객들과 스킨십의 자리가 풍성한 영화제 중 하나입니다. 가까이 직접 반응을 들을 기회가 많은데 〈남매의 집〉과 〈숲〉에 대한 관객 반응 중 특별히 기억에 남는 게 있나요.

조성희 어떤 분이 자기가 아들, 딸 한 명씩 있는데 걔네들 생각나서 되게 우셨다고 그러시던 게 꽤 오래 기억에 남았습니다. 관객들이 어떤 형태로든 무언가를 느끼면 그걸로 만족스러운 건 같아요. 굳이 해석하고 의미를 설명하진 않아도 분명하게 느껴지는 것들이 있죠. 그걸 말씀해주실 때 되게 기분이 좋아요.

엄태화 저도 크게 다르진 않은 거 같아요. 그래도 기억에 오래 남는 순간들은 아무래도 관객들이 웃어주실 때죠. 제가 조용한 것처럼 보여 오해가 많은데 저도 사람들 웃기는 거 정말 좋아하거든요.(일동 웃음) 의도했던 장면에서 반응이 있는지 항상 신경 쓰입니다. 〈숲〉에서 두 배우가 티격태격할 때 마음먹고 웃기려고 한 장면들이 있거든요. 그런 장면에서 웃어줄 때 정말 기분 좋죠.

송경원 특별히 선호하는 장르가 있나요. 아니면 단편영화를 통해 지속적으로 다뤄보고 싶은 장르라든지.

엄태화 저는 할 수 있다면 모든 장르를 한 번씩 다 해보고 싶어요. 〈숲〉 같은 영화를 하고 나면 좀 더 현실적인 이야기에 대한 갈증이 생겨요. 그러면 〈잉투기〉 같은 영화를 찍는 거죠. 현실적인 걸 한 번 해봤으면 다음엔 판타지스러운 게 당기고… 그런 반복인 것 같습니다. 그 와중에도 공통적으로 계속 자리 잡고 있는 건 약간 블랙 코미디스러운 감성이랄까, 풍자나 날카로운 웃음들을 기본적으로 좋아하는 거 같아요. 장르는 각각 달라도 큰 맥락에서 보면 제가 만든 모든 영화에 그런 요소가 녹아 있다고 느낄 때가 있어요.

조성희 동의합니다. 저도 연출가로서의 수명이 다하는 날까지 이것저것 해보고 싶어요. 자신 없더라도 부딪쳐보고 싶은 것들도 있고요. 꿈이라고 불러도 좋을진 모르겠지만 언젠가는 괴수물을 한 번 찍어보고 싶기도 합니다. 아주 그냥 선혈이 낭자하고 등장인물을 다 잡아먹어 버릴 정도의 극단적인 괴수물?(웃음) 끝까지 가보고 싶은 그런 욕망이 늘 있죠.

송경원 약간 호러에 가까운 괴수물이라고 보면 될까요?

조성희 그렇죠. 예를 들자면 〈프레데터〉나 〈에이리언〉 같은 영화? 사람들 무서워서 도망 다니고 끝도 없이 쫓아다니는 영화들.

송경원 〈남매의 집〉은 정확히 SF영화라고는 말하긴 힘들어도 크게 보면 판타지 등 초현실적인 장르에 가까운 것 같습니다. 장르에 상관없이 항상 여기가 아닌 어딘가를 배경으로 이야기를 시작하는 이유가 있나요.

조성희 글쎄요, 딱히 의식적인 건 아니라서. 스스로 짐작해 보건데 살아온 과정에 그런 요소들이 자연스럽게 녹아 있는 거 아닐까요. 돌이켜

보면 남들이 나이드 다니고 부킹하고 이럴 때 저는 집에서 만화책 읽고 영화 보면서 시간을 보냈으니까요. 이 시대의 젊은이들의 이야기, 현실적으로 짚어줘야 할 일들, 땅에 발을 굳건히 딛고 있는 이야기들보다는 혼자 공상할 수 있는 이야기가 좀 더 친숙합니다. 괴물이나 로봇이 나오고 마음껏 상상을 펼쳐볼 수 있는 세계가 좀 더 흥미롭게 느껴집니다.

송경원 두 분은 좋아하는 만화를 꼽는다면 어떤 작품이 생각나는지.

엄태화 그러고 보면 저도 영화보다는 만화가 상상력의 기반인 것 같아요. 뭔가 구상할 때 만화에서 영감을 얻는 경우가 많습니다. 대표적으로 아다치 미츠루의 〈H2〉 같은 순정만화?(웃음) 정확히는 순정만화는 아니고 그런 계열에 있는 판타지 멜로 쪽이라고 볼 수 있겠네요. 예를 들면 〈7 seeds〉 아세요? 요즘에 그거 되게 재미있게 보고 있어요. 〈바사라〉의 작가 타무라 유미 작품인데.

조성희 〈베르세르크〉는 안 좋아하시나요?

엄태화 당연히 좋아하죠!

조성희 최근에 그거 봤어요? 하나자와 켄고의 〈아이 엠 히어로〉. 저는 그게 요즘 제일 재미있는 거 같아요. 영화로 나올 수밖에 없는 이야기라고 생각해요.

엄태화 네, 저도 봤습니다. 이미 영화 같은 이야기죠. 만화 이야기 시작하니까 끝도 없네요.(웃음)

송경원 두 분 다 심사위원도 해보셨으니 미쟝센 단편영화제에서 봤던 작품

중에 '절대악몽' 섹션이 아니더라도 기억에 남거나 다시 소개하고 싶은 단편들이 있으신가요?

조성희 불성실한 사람이라 미쟝센 영화제에 나온 모든 작품들을 다 보지는 못했습니다. 그래도 그중에서 꼽아본다면 2012년 허정 감독의 〈주희〉라는 작품이 기억에 남습니다. 공포영화였는데 저는 그 작품을 보고 많이 배웠거든요. 지금은 장편영화를 만들고 있지만 배울 점이 많은 단편영화가 상당한 것 같습니다. 이야기를 다루는 솜씨부터 촬영, 심지어 기술적인 것까지 눈에 띄는 작품들이 꽤 있어요. 스스로를 돌아보게 하는 작품들이 점점 더 많아지고 있는 것 같습니다.

엄태화 디지털 촬영이 일반화 되면서 만듦새가 어느 정도는 상향평준화 된 것 같다는 생각을 많이 했습니다. 어떤 영화들은 바로 상업영화로 바꿔도 될 것 같은 기술을 선보이기도 합니다. 허정 감독의 〈주희〉를 예로 들자면 기술력도 기술력이지만 자신만의 고유한 색깔이 있는 영화라고 기억합니다. 장재현 감독의 〈12번째 보조사제〉 볼 때도 무척 놀랐습니다. 완성도도 뛰어나지만 엑소시즘을 그렇게 디테일하게 다룬 영화를 본 적이 없었거든요. 실제로 장편으로 만들어지기도 했으니 더 말하면 입만 아프죠. 그런 영화들을 보면 힘도 나고 질투도 나요.(웃음)

송경원 앞으로 단편영화를 만들 감독들에게 약간의 가이드를 준다는 취지에서 단편영화 잘 만드는 비결을 알려주실 수 있나요.

엄태화 저희가 잘 만든 건가요? 모르겠는데요.(웃음)

조성희 저희한테 먼저 알려주세요. 영화를 잘 만들고 관객들이 좋아할 비

걸이 뭔지. 그런 게 있으면 말이죠.(웃음)

엄태화 먼저 경험한 입장에서 드릴 수 있는 팁 정도로 생각해주세요. 아까부터 계속 말씀 드린 것 중 하나인데 우선 자신이 영화를 만드는 목적이 무엇인지 알 필요가 있습니다. 사실 알려고 해도 알기 어려운 거죠. 하지만 알려고 노력하는 것만으로도 보는 사람들이 조금 다르게 느끼지 않을까 하는 생각이 듭니다. 지금도 그렇지만 자기가 만든 작품이 어떤 작품인지 스스로 판단하긴 어렵거든요. 그래서 왜 내가 만들려고 하는지, 뭘 만들고 싶은지에 대한 고민을 끊임없이 하는 게 좋지 않나 하는 짧은 소견입니다.

조성희 단편영화에서만 할 수 있는 것들이 있어요. 그걸 하시면 좋겠어요. 아까도 말씀 드린 것처럼 가장 나다운 작품을 할 수 있다는 것이 단편영화가 지닌 유리한 점이거든요. 본인이 어떤 인간인지 좀 솔직하게 그런 걸 보여줄 수 있으면 하는 바람입니다. 제가 그런 걸 보고 싶기도 하고요.

송경원 반대로 이건 가능하면 피했으면 하는 주의사항은 없나요.

엄태화 문득 생각나는 게 하나 있네요. 연출을 계속 하다 보면 상황과 규모에 대한 감이 어느 정도 오거든요. 이 정도 이야기에는 현실적으로 이 규모에서 처리하면 좋을 것 같다는, 이를테면 사이즈에 대한 판단 같은 게 생겨요. 그때 이건 어렵겠다고 먼저 판단하고 선을 긋는 경우가 있는데 그러면 나중에 꼭 후회를 하더라고요. 해보고 안 되면 그때 수정하면 되는데, 해보지도 않고 미리 겁먹는 거죠. 그럴 필요 없습니다. 할 수 있을 것 같은 거 말고 하고 싶은 걸 하세요. 못 하는 건 하고 싶어도 못 할 테니까요.

조성희 주의사항이라기보다는 반대로 아무것도 주의하지 않았으면 하는 바람이 있어요. 특히 영화 외적인 것들, 작품 외적인 조건에 대해선 신경을 조금은 꺼 두셔도 좋습니다. 물론 제작에 들어가게 되면 구체적인 계획을 짜야겠죠. 하지만 구상을 할 때나 시나리오를 쓸 땐 그냥 하세요. 그럼 나머지는 저절로 해결될 때가 있습니다. 솔직히 말하자면 그냥 제가 그런 영화들을 보고 싶은 거 같아요. 미쟝센에 올 때면 늘 뻔뻔함과 엉뚱함이 있는 도전들을 구경하고 싶은 마음입니다.

엄태화 조성희 감독님 말씀처럼 막 벌여놓고 난 다음에 그걸 실현하기 위해서 치열하게 생각하다 보면 더 재미난 게 나오기도 하는 것 같습니다. 비틀어서 가기도 하고 피하기도 하면서 예상치 못한 순간들이 만들어지죠. 그런 장면들이 적어도 한 장면은 들어 있어야 좋은 영화라고 할 수 있지 않을까요.

· **조성희 감독 단편 필모그래피**　　　· **엄태화 감독 단편 필모그래피**

〈트로피칼리아〉(2007)　　　　　　　〈선인장〉(2004)

〈남매의 집〉(2009)　　　　　　　　　〈유숙자〉(2009)

　　　　　　　　　　　　　　　　　　〈신봉리 우리집: 흔한 이야기〉(2010)

　　　　　　　　　　　　　　　　　　〈하트바이브레이터〉(2011)

　　　　　　　　　　　　　　　　　　〈숲〉(2012)

· **인터뷰어 _ 송경원 (〈씨네21〉 기자)**

영화평론가. 2009년 〈씨네21〉 영화평론상을 수상하며 데뷔했고, 동국대 영
상대학원 영화이론 박사과정을 수료했다. 영상문화 전반에 대해 비평 활동
중이다.

짧지만 긴 여운, 영화는 결과가 아닌 하나의 과정

- 강진아, 허정 감독 인터뷰

모은영(영화평론가)

미쟝센 단편영화제가 벌써 15회를 맞았다. 그동안 영화제를 통해 많은 감독과 작품들이 새롭게 발견되었으며, 시작부터 영화제가 표방해 온 '장르'라는 필터는 때로는 영화에 새로운 해석을 덧붙이거나 단편만의 특별한 매력을 배가시키는 계기가 되기도 했다. 이제 또 다른 15년을 향한 반환점에 접어든 미쟝센 단편영화제의 15번째 시작을 준비하며 영화제가 사랑한 이들이자 또한 그들이 있었기에 영화제의 초심을 지켜오는 것이 가능했을 감독들을 만나는 자리를 마련했다. 단편의 개성은 고스란히 간직한 채 장편의 기대감을 충족시키는 작품들로 기성 영화제에 신선한 기운을 가득 전해준 허정, 강진아 감독. 그들이 전하는 영화에의 따스하고 변함없는 애정 고백. 자신만의 이야기를 전할 각자의 무기를 찾아가는 창작에의 고민을 멈추지 않는 두 사람의 진심 어린 이야기와 그렇게 발현된 분신과도 같은 영화 속에서, 그들이 그랬듯 새로운 누군가는 영감을 얻게 될 것이고 그렇게 우리는 또 다른 새로운 영화의 등장을 목도하게 될 것이다.

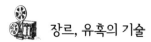# 장르, 유혹의 기술

모은영 허정, 강진아 감독님 모두 미쟝센 단편영화제를 통해 많은 사랑을
받아 오셨습니다. 허정 감독님은 9회 '절대악몽' 부문에서 〈저주의
기간〉(2010)으로 최우수작품상을, 12회에는 〈주희〉(2012)로 심사위
원 특별상을 수상하셨고요, 강진아 감독님은 9회 '사랑에 관한 짧
은 필름' 부문에서 〈백년해로외전〉(2009)으로 최우수상을 수상하
셨죠. 함께 심사위원을 맡기도 하셨고요. 미쟝센 단편영화제와 인연
이 깊다면 깊다고 할 수 있는데요, 미쟝센 단편영화제만의 특별한 점
이 있다면 무엇일까요?

강진아 일단 장르로 나뉘어져 있으니까요. 영화를 만들 때부터 특정 장르를
생각하고 만드는 것은 아니에요. 처음 만들었던 것이 '여자, 남자' 이
야기였는데 이걸 '사랑에 관한 짧은 필름' 부문에 출품해야 할지, '비
정성시' 부문에 넣어야 할지 고민했었습니다. 그런데 이런 과정 자체
에서 영화에 대한 시선이 하나 더 생기게 됐던 것 같아요. 같은 사랑
이야기라도 '비정성시'에서라면 다른 기대하는 의미가 생기잖아요.

허 정 저 같은 경우엔, 심사하시는 분들이 단편을 많이 찍으셨던 선배나
또래 감독들이시니까 뭐랄까, 약간 응원을 받는 느낌 같은 것도 있
었던 것 같습니다. 사실 나오는 이야기는 다른 영화제와 크게 다르
지는 않지만, 그래도 영화 상영 후나 그런 곳에서 듣게 되는 이야기
나 방식에서 조금은 달랐던 것도 같아요.

모은영 허정 감독님 작품은 〈저주의 기간〉이나 〈주희〉처럼 대부분 '절대악
몽' 그러니까, 공포, 스릴러 장르로 묶여 왔습니다. 반면 강진아 감독

님은 〈백년해로외전〉 등으로 인해 먼저 '멜로' 장르를 떠올릴 수 있지만 〈구천리 마을잔치〉(2011)는 전혀 다른 미스터리나 부조리한 블랙코미디 요소가 강한 작품인데요, 두 분에게 '장르'란 어떤 의미일까요?

허 정 제가 애초부터 영화 보는 걸 좋아해서 그런지 모르겠는데요, 저는 공포나 판타지 같은 장르적인 요소들에서 제가 관심 있어 하는 이야기들을 섞는 작업 자체를 좋아하는 것 같아요. 강진아 감독님 같은 경우는 영화 안에 좀 더 다양한 요소가 있지만, 저는 애초에 감정도 그렇고 공포의 요소들에 제가 좋아하는 것들을 섞다 보니 장르가 더욱 두드러져 보이는 것 같습니다.

허정 감독,
강진아 감독,
모은영 영화평론가
(좌측부터 시계방향)

강진아 저 같은 경우는 다루고 싶은 이야기가 생겼을 때, 그것을 잘 전달할 방법을 찾는데요, 그래서인지 장르에 큰 제약을 받지는 않았던 것 같아요. 생각해보면 미장센에서도 첫 상영은 '비정성시' 부문이었고, 다음은 '사랑에 관한 짧은 필름' 그 다음엔 '절대악몽'이었거든요. 제기 미술을 하다 영화를 만들게 되어 그린 것인지 이야기가 생기면 '이것을 왜 굳이 영화로 만들어야 하는가'라는 설득이 스스로에게 필요했어요. 그 과정에서 파생되는 장르나 영화의 톤 같은 것에 대해서는 별로 생각하지는 않았던 것 같네요.

허 정 장르와는 별개로 일관된 뭔가가 있는 거 같습니다.

강진아 그게, 일종의 유혹하는 방식이잖아요. 영화 자체가 관객들한테 구애할 때 이번에는 이런 모습으로 구애해볼까, 이런 생각에 더 가까운 것 같습니다.

 죽음과 불안, 현실을 바라보는 그들 각자의 시선

모은영 전혀 다른 형식의 영화를 만드시지만 허정, 강진아 감독님의 작품에서 가장 주요한 모티브를 굳이 하나씩 고르자면 저는 '불안'과 '죽음'을 들 수 있을 것 같습니다. 먼저 강진아 감독님의 작품은 대부분 '죽음'과 관련되어 있는데, 흥미로운 점은 그 죽음이 항상 '일상' 혹은 '살아 있는 존재' 속에 혼재되어 있다는 점입니다. 감독님에게 '죽음'은 어떤 특별한 의미가 있는지요?

강진아 영화를 만들 때는 항상 당시에 가장 고민하는 내용을 다루게 되는 거 같아요. 만약 제가 누구와 싸웠다면 그런 문제는 결국은 해결이 되고, 무엇을 알고 싶다면 학습을 통해 충족이 되는데 충족되지 않고 계속 구멍처럼 있는 것들이 있어요. 그런 것들이 계속 남으면 영화로 만들게 되는 것 같습니다. '죽음'도 그 자체로는 거대 담론이잖아요. '우리 모두는 태어나서 결국 죽는다'라는 것 자체가 너무 큰 이야기라서 그만 이야기하고 싶은데, 마음에 계속 남아 버려서 영화로 만들게 되었습니다. 그리고 그 과정에서 '그럼에도 불구하고 살아가는 것이구나'라는 것을 배우게 된 것 같아요. 그래서 지금은 '죽음'이라는 주제에 대해서 조금은 자유로워진 거 같아요. 내일 죽을 거 같아도 다시 이렇게 그냥 사는 거죠.(웃음) 만약 앞으로 결혼을 해서 결혼이란 무엇일까 하는 의문이 생기거나 잘 산다는 것에 대해 집중하게 되면 그것에 대한 고민을 담은 영화를 만들게 되겠죠.(웃음)

모은영 〈저주의 기간〉에서의 잃어버린 강아지, 기독교와 무속에 집착하는 가족의 모습이나 〈주희〉 그리고 장편 〈숨바꼭질〉(2013)까지, 허정 감독님의 작품에서 인물들을 절박한 상황으로 내모는 것은 그들 안에 내재된 '불안' 때문으로 보입니다. 가족이나 집 같은 일상적인 부분들이 순식간에 낯설고 불길한 것으로 바뀌는데, 이런 '낯설게 하기'의 특별한 전략 같은 것이 있으신지요?

허 정 제가 의도적으로 낯설게 하는 건 아닌 것 같고요, 그냥 제 개인적으로 그런 감정들에 흥미가 있었던 것 같습니다. 재미있다고 하기에는 좀 그런데, 제가 느끼던 어떤 감정들이 있었고, 그 감정들을 동시대를 살고 있는 다른 사람들도 느끼고 있지 않을까 하는 생각으로 만들게 되었습니다.

강진아 영화적으로 낯설게 하는 방식들이 있잖아요. 허정 감독님의 영화에서는 익숙한 것들을 낯설어 보이게 만드는데 그 차이 때문에 공포라는 감정이 생기는 것 같아요. 익숙할수록 더 공포스러워 보이는 거죠.

모은영 〈주희〉나 〈숨바꼭질〉을 보면 '괴담'에서 시작되잖아요. 실체는 없지

만 모두가 두려워하는 무언가가 하나로 뭉쳐져 떠도는 것이 '괴담'이
라 할 수 있는데, 이를 영화적 주요 장치로 가져오신 이유가 궁금하네요.

허정 감독

허 정 '괴담'이라는 형식이 재미있더라고요. 이야기들이 사람과 사람 사이
를 떠돌며 고쳐지고 변형되고 더해지고 살이 붙고 하는 과정에서
각자가 무서워하는 부분이나 불안들의 영향을 받는 거잖아요. 그러
면서 전체적으로는 사람들이 생각하는 것들이 더해지는 거죠. 제가
애초부터 '괴담'이라는 형식 자체를 좋아하는 이유도 있었고요, 무
엇보다 '괴담'이 만들어지는 과정이 사실 명확하지는 않잖아요. 이야
기들이 사람들을 거치면서 의식적으로 그리고 무의식적으로 더해
지는 것들이 있는데, 그런 느낌의 영화를 만들면 좋겠다고 생각했
습니다. 그런데, '괴담'은 여러 사람들이 만들어서 생기는 자연스러
운 요소가 있고 저는 어쩔 수 없이 제 생각이 많이 들어갈 수밖에
없잖아요. 그래서 어쩔 수 없는 한계가 있다는 생각이 들더라고요
결국 '괴담'인 것처럼 하고 있지만 오히려 그냥 '이야기'일 수밖에 없
다는 그런 고민이 있습니다.

강진아 그 한계가 무엇인가요?

허 정 그러니까 '괴담' 같은 경우는 그 '괴담'이 생기는 원 형식 자체가 사람들 사이를 거치는 것이다 보니 약간은 모호하고 무의식 같은 성격이 있는데, 사실 제 영화는 '괴담'의 외피를 가지고 있지만 결국은 제가 만든 이야기잖아요. 결국 '괴담'과는 태생적으로 다를 수밖에 없는데, 저는 '괴담'의 형태라고 생각해서 쓴 것들이 보는 사람들의 입장에서는 결국 제 이야기인 것이니깐, 처음부터 결국 두 개는 다를 수밖에 없다는 생각을 하게 되더라고요.

모은영 허정 감독의 영화에서 '도시', 그중에서도 재개발을 앞둔 쇠락한 공간과 그 위에 세워진 고층 아파트의 대비가 무척 인상적입니다. 익숙한 도시 공간에서 온갖 불안과 괴담이 야기되고 그 속에서 모든 갈등과 공포가 베어 나오는 것이 흥미로운데요, 재개발과 아파트가 한국 영화에서 본격적으로 중요한 공간으로 다뤄지기 시작한 것이 이창동 감독님의 〈초록물고기〉(1997)부터였던 것 같아요. 그 영화에서 고층 아파트는 건너가고 싶은 선망의 공간이었지만 감독님의 영화에서의 고층 아파트는 나가고 싶지 않은 공간, 다시 이전의 재개발 공간으로 돌아가면 어떻게 하나 하는 불안이 깔려 있는 것 같습니다.

허 정 한편으로는 더 좋은 곳에 있고 싶다는 사람들의 욕망이 있는 것이고, 동시에 그런 욕망이 있다면 불안감 역시 있을 것이라는 생각을 했던 것 같아요. 그리고 그 공간들이 다 사라지면 그곳에 다시 새롭게 만들어야 하는 거잖아요. 그 느낌 자체가 저에게는 무서웠습니다. 금방 지어진 신도시에서 느껴지는 무서운 느낌이 있잖아요. 저는 그곳에 어떤 불안감 같은 것들이 있다는 생각이 들었습니다. 그

것이 불안감이든 뭐든.

모은영 〈백년해로외전〉과 〈환상속의 그대〉(2013)는 어떻게 보면 단편에서 장편으로 확장을 시도했다 할 수 있는데요. 단편과 장편 모두에서 한예리 배우님이 동일한 역할로 출연하고 있습니다. 초기 작품에는 이종필 감독님이 출연하기도 하시고요. 초기에는 같은 배우님들과 자주 작업하셨는데요, 특별한 이유가 있으셨는지 궁금해요.

강진아 배우 의존도가 높은 편이에요. 처음 영화 찍을 때, 내가 아무리 잘 아는 상황이라도 배우가 이해하지 못하면 영화에 담길 수 없다는 것을 배웠습니다. 그리고 그런 코워크(Co-work)가 재미있더라고요. 어떻게 생각하면 영화를 만드는 가장 큰 즐거움 중 하나인데, 서로 꾸밈없이 주고받으려면 예술적인 부분에서도 그렇고 인간적인 면에서도 벽 같은 것들이 허물어져야 가능한 거잖아요. 그래서 익숙한 배우들과 일하는 것이 좋습니다. 아, 물론 그분들이 정말 훌륭한 배우셔서 그런 이유도 있고요.(웃음)

허 정 그래도 다양한 배우들과 작업하셨잖아요.

강진아 그건 그렇죠.(웃음) 그렇게 함께 영화를 만들면서 그 사람 자체의 캐릭터나 '얼굴'을 익히게 되잖아요. 한 영화가 끝나고, 어떤 캐릭터를 생각할 때 스냅사진처럼 딱 그 사람의 얼굴이 떠오르는 경우가 많은 것 같아요. 그래서 다음 작품을 할 때, '아, 이 역할은 이 배우랑 해야겠네' 하는 생각을 자연스럽게 하는 것도 같아요.

모은영 허정 감독님의 경우는 동일한 배우와 작업한다기보다는 등장인물의 이름을 동일하게 등장시키잖아요. 단편 〈주희〉에서의 '민지'와 '주희'

가 딱 〈숨바꼭질〉에서의 '민지'와 '주희'처럼 되겠다는 생각도 들 정
도로 캐릭터 이름과 성격도 유사한데요, 어떤 의도였는지 궁금하네요.

〈주희〉(2012)

허 정 그게 사실 〈숨바꼭질〉의 시나리오를 먼저 썼고요, 진행 과정에서 한
국영화아카데미에서 단편 〈주희〉를 찍게 된 거죠. 그런데 〈숨바꼭
질〉의 경우는 남성 주인공의 입장에서 조금 더 진행해야 하는 영화
이다 보니까 그 상대 캐릭터들, 그러니까 주희와 민지에 대한 이야
기를 좀 더 하고 싶다는 생각이 들더라고요. 단편을 만들어야 했는
데, 그렇다면 그 상대 캐릭터와 관련된 약간의 외전 느낌의 영화를
만들어보면 어떨까 싶었어요. 그러니까 정확히 〈숨바꼭질〉의 주희
와 민지의 어린 시절이라기보다는 이름만 가져와서 만들게 된 단편
이 〈주희〉였습니다. 두 사람의 어린 시절을 생각해서 만들었던 것은
아니었고요.

모은영 어쩌면 우리 주변에 존재하는 수많은 '민지'와 '주희'라는 생각도 드
네요. 그런데 〈숨바꼭질〉을 보면 영화 속 주인공 가족들도 결국 재

개발된 새 아파트에 이주한 것이고, 그들로 인해 기존에 살았던 사람들은 쫓겨난 것일 테니 어찌 보면 똑같이 남의 것을 빼앗은 사람들이잖아요. 누군가에게서 빼앗은 이들로부터 다시 빼앗으려 하는 사람들, 결국 재개발의 구조 같다는 생각도 들더라고요.

허 정 저도 어느 정도는 그런 감정들이 있었던 것 같습니다. 더 좋은 곳에 살고 싶다는 욕망이 분명히 있는 거고, 또 모두가 그런 욕망이 있을 거란 생각에 자기 자리가 위태롭겠다는 불안감도 동시에 있을 것이라 생각했거든요. 그런 것들이 서로 상호작용하는 과정이 재미있었던 것도 같고 이것을 살리는 영화를 만들고 싶었는데, 쉽지는 않았던 것 같네요.(웃음)

 단편과 장편 사이에서

모은영 단편으로도 많은 주목을 받으셨고, 장편으로도 성공적인 평가를 받으신 두 분인 만큼, 단편과 장편의 차이를 어떻게 생각하시는지 궁금합니다. 특히 강진아 감독님은 단편 〈백년해로외전〉을 장편 〈환상속의 그대〉로 확장시킨 경우기도 한데요.

강진아 영화 만드는 과정 자체는 항상 동일한 것 같아요. 시나리오를 받아서 작업하는 경우도 그렇구요. 어떤 이야기가 떠오르면 다른 일상의 것들로는 해소가 안 됩니다. 계속 마음에 남아서 상당히 거슬려요. 단편 〈백년해로외전〉도 뭔가를 해소해보려 만든 건데 영화를 다 끝낸 이후 다른 질문과 이야기가 생겨나기 시작했어요. 그럼 이것은 다른 것으로 해소해보자 해서 글을 썼는데 그게 길어지더라고요. 긴 글로도 해소가 안 돼서 영화로 만들 생각을 했습니다.

모은영 그런데, 그것이 단순히 길이의 문제는 아니었을 것 같은데요, 단편에서 장편으로 확장되면서 어떤 점들이 가능했을까요?

강진아 관객들에게 어떤 인물을 제대로 경험하게 하려면 물리적으로 그 사람과 함께 있을 시간, 절대적인 관람시간이 필요하더라고요. 그제야 기본적인 영화의 러닝타임에 대한 이해가 생겼습니다. 처음에는 감당이 안 되는 이야기라고도 생각했어요. 만들어진 영화보다 더 복잡하고 판타지적인 이야기였거든요.

모은영 말씀하신 것처럼 단편 〈백년해로외전〉에서 장편 〈환상속의 그대〉로 확장되는 것이 좀 더 자연스럽다는 생각이 드는데요, 허정 감독님의 경우는 어떠셨는지 궁금하네요.

허 정 저 같은 경우는 단지 단편과 장편의 차이뿐 아니라 단편영화와 상업영화의 차이가 더 있었던 것 같아요. 만약에 단편과 장편으로만 본다면 물리적인 러닝타임의 길이가 있다 보니, 만드는 사람의 입장에서는 단편에서는 견딜 수 있는 이야기들이 그대로 100분이나 120분으로 되었을 때 관객들이 견디지 못할까 하는 불안감 같은 것들이 계속해서 생길 수밖에 없더라고요. 그래서 계속 조금 더 복잡한 내러티브나 플롯을 가져오게 되는 거죠. 자기가 원하는 어떤 방식이 있을 때 그 길이를 관객들이 견디고 있을까 하는 것에 대한 불안감 같은 거요. 여하튼 뚝심이 더 있어야 할 것 같아요. 상업영화로서의 차이를 말한다면, 단편 만들 때는 사실 사람들이 이 영화를 어떻게 볼까 그런 점은 크게 생각 안 했던 것 같아요. 어쨌든 단편이 제가 하고자 하는 이야기에 중심이 맞춰져 있다면 상업 장편을 찍게 되다 보니 다른 부분도 계속 염두에 두게 되더라고요. 예를 들면, 관객들은 어떤 부분에서 재미있게 볼까 이런 점들을 많이 생각하게 되는 거죠. 저한테는 그런 차이가 있었던 것 같아요. 또 단편은 제가 중심이 되어 통제할 수 있는 부분이 많았거든요, 영화 속 공간들도 그렇고요. 제가 돌아다니면서 찾아보면 되고, 거기서 생각해서 발전시키고 더 유연하게 움직일 수 있죠. 촬영을 하다가도 바로 바꿀 수도 있고요. 그런데 장편을 찍다 보면 일단 유연성이 떨어지는 거예요. 이미 모든 것이 다 약속된 상태에서 다시 바꾸기도 힘들어지고요. 저는 무언가를 계속 발견하고 찾아가는 게 재미가 있었는데 이제는 그것보다는 제가 생각하는 그림을 제작진들과 어떻게 공유하느냐에 대한 재능이 더 중요하더라고요. 일단 제 자신의 세계가 완벽히 있고, 그런 세계를 만들어내야 하는 것이 조금 더 큰 차이점인 것 같습니다.

모은영 그렇다면 혹시 지금 '이런 이야기는 꼭 단편으로 만들고 싶다' 하는 이야기나 아이디어들이 있을까요?

강진아 그런데 이제는 영화 연출뿐 아니라 제작의 입장에서도 영화를 보게 되어서 그런지, '아, 이렇게 하면 어떨까' 하는 생각은 자주 하지만 동시에 그러면 안 된다는 생각도 하게 됩니다.(웃음) 사람들을 고생시키면 안 된다 하고 꼬리를 내리게 되죠. 단편이라도 수고가 안 드는 건 아니니까요.

허 정 저는 단편을 찍고 싶기는 한데 지금은 조건들이 안 되니까요. 조금 자유롭게 하고 싶다 말하면 건방진 얘기일지도 모르겠지만 그냥 한 번은 제 생각대로 순수하게 만든 제 영화의 느낌을 저도 보고 싶어지더라고요. 지금은 무엇인가를 끊임없이 조율해 가는 과정이 많다 보니 이런 욕망이 조금씩 생기는 것 같아요.

모은영 그렇다면 자유롭게 뭔가를 할 수 있고 통제할 수 있다는 점 외에도 단편만의 매력이 있다면 무엇일까요?

허 정 만드는 입장에서 말고 보는 입장에서 말씀 드리자면, 저는 독립 단편영화들에서 감독들이 더 보이는 것 같더라고요. 각각의 작품을 만든 사람들이 더 잘 보이니까. 그래서 보는 재미가 더 한 것 같아요. 장편 보는 재미와는 또 다른 느낌이라 할까요.

강진아 제작의 입장에서야 과정상 수고가 들어가는 건 단편이나 장편이나 마찬가지고요. 제가 봤을 땐 단편이 조금 더 접근이 쉬웠던 것 같아요. 그래서 저처럼 영화 전공자가 아니어도 쉽게 영화를 시작할 수 있었던 거죠. 만약 누군가 저에게 처음부터 35회차 촬영을 두 달 안에 마쳐야 하는 장편 큐시트 같은 걸 보여줬다면 저는 아예 영화에 접근 자체를 안 했을 것 같아요. 그런데 친구들과 가볍게 이야기하다가 그럼 이렇게 한번 찍어볼까, 이렇게 한번 만들어볼까가 되었기 때문에 저도 영화를 만드는 즐거움을 맛보고 공동으로 하는 작업을 경험해볼 수 있었던 것 같거든요. 물론 접근이 용이하다고 해서 제작 과정이 쉽다는 건 아니죠. 자신이 만들고 싶은 것을 만들기 위해 싸우는 건 모두 똑같죠.

모은영 창작자가 아닌 관객으로서만 본다면 단편영화에서는 어떤 즐거움을 만날 수 있을까요?

강진아 영화를 본다는 건 어찌 보면 무척 편안하게 사람들을 만나는 경험이기도 합니다. 제가 허정 감독을 옛날부터 알고 있기는 했지만, 시간을 내서 카페 같은 데에서 굳이 이야기를 나누지 않아도 허정 감독의 영화를 관람하며 '아, 허정 감독은 요즘 저런 생각을 하는구나' 하고 만날 수 있어요. 사적으로 전혀 관계가 없는 감독님들에 대해서도 마찬가지구요. 단편은 그런 재미가 훨씬 더 큰 것 같아요. 본론으로 바로 들어가는 느낌입니다. 사람을 처음 만났는데 인사도 없이 훅, 자기 속 이야기를 꺼내 놓는 거죠.

 ## 영화, 내 아름다운 근심거리

모은영 두 분 모두 지금 끊임없이 새로운 시스템에 적응하면서 작품을 확장하고 있는 시점이신데, 주변의 다양한 제약들과 부딪히면서도 어떻게 창작의 동력을 이어 가시는지 궁금합니다.

허 정 여러 가지가 있을 것 같은데요, 일단 기본적으로는 어떤 이야기가 있는데 그게 제 개인적으로 재미가 있잖아요. 그러면 그 이야기를 어떻게 하면 더 재밌을 것 같은지 생각하고 그것을 만들어 가는 과정에서 오는 재미가 제 동력 중 하나인 것 같습니다. 제가 사실 어떻게 보면 이야기를 잘 푸는 성격은 아닌 것 같아요. 저는 이야기를 만들고 싶어 하는 욕구도 있고 그 방법을 찾아가는 과정에 재미가 더 있는 것 같아요.

강진아 그런데 허정 감독님은 영상원 가기 전에도 한겨레 영화학교에서 영화도 배우고 그러셨잖아요. 어떻게 영화를 하시게 된 거예요?

허 정 저는 어떤 특별한 계기가 있었던 건 아니고요. 자연스럽게 그렇게 된 거 같아요. 영화 보는 거 좋아하다 보니깐 속으로 '이런 영화라면 재미있겠다, 이런 이야기를 영화로 만들면 좋겠다' 이런 생각을 하기는 했는데 사실 그때는 영화를 찍는다는 생각은 하지 못했어요. 그런데 점점 이런 생각들이 커지면서 자연스럽게 영화를 만들게 된 것 같은데, 이것도 사실 뒤에 생각해 보니 그런거구나 하는 거지, 어떤 특별한 계기가 있었던 것 같지는 않네요.(웃음) 지금도 사실은 이야기 자체가 더 재미있는 것 같기도 해서, 언젠가 영화라는 포맷이 아니라 다른 포맷으로 이야기를 해보는 것도 재미있을 것 같다는 생각이 들기도 하더라고요.

강진아 그러면 영화를 관람했던 에너지 자체가 영화를 만들고 계속 해 나가는 동력이 되어준다는 말씀이신가요?

<백년해로외전>(2009)

허 정 그러고 보니 그런 면도 있는 것 같네요. 제가 봤던 영화 중에서 재미있는 작품들이 있으면, 나도 이런 것들을 만들면 재미있을 것 같은

데, 다른 사람들도 이런 이야기를 재미있어 하지 않을까 하는 그런 생각을 하게 된 것 같아요. 관객들에게도 어느 정도의 재미라는 지점은 중요하다고 생각해요.

모은영 강진아 감독님은 미술을 하시다 영화를 하게 되면서 계속 그 고민이 있다고 하셨잖아요. 내가 미술로 할 수 있는 걸 왜 영화로 하게 되는지에 대해서 말씀하셨는데, 영화를 선택하게 된 데에는 어떤 특별한 계기가 있을까요?

강진아 저는 청소년 시기에는 영화 관람을 그렇게 좋아하지는 않았습니다. 대학에 왔는데 우연히 영화 소모임 전단을 보게 되었어요. 영화를 보는 것이 아니라 만들 수도 있다는 거죠. 그 사실 자체가 놀랍고 신기했어요. 그리고 영화를 만들면서는 현장이 너무 즐겁더라고요. 개인 작업을 할 때에는 활발하지 못한 성격이라 인간관계에 두려움이 있었는데, 영화 현장에서는 누군가 질문을 하면 중지를 모아야 하니깐 서로가 마음을 쓰고 의견을 모으는 과정이 진짜 즐겁더라고요. 그렇게 사람들에게 믿음을 갖게 되면서 인간관계도 많이 바뀌게 되었습니다.

모은영 그런데, 두 분이 완전히 다른 답변을 주셨네요.

강진아 그죠? 저는 되게 쾌락주의적인 대답을 한 것 같고, 허정 감독은 되게 다른 식의…(일동 웃음)

모은영 그런 의미에서 지금 막 영화를 시작하고 싶은데 막상 어떻게 해야 할지 모르는 분들에게 조언을 해주신다면요?

강진아 저는 처음에는 영화가 결과인줄 알았어요. 결과를 만들어내야 한다고 생각하니깐 그 과정이 너무 힘들고 때로는 우기는 경우도 생기고 그랬어요. 그런데, 현장에서의 경험이 쌓이고 많은 것들을 주고받게 되면서 영화가 과정이라는 것을 실감하게 됐어요. 어떻게 보면 간단할 수도 있는 생각의 전환이 저에게 큰 도움을 주었습니다. 그 전에는 영화를 하는 한 누군가에게 계속 평가받을 수밖에 없고 그걸로 끝이라고 생각했어요. 그것이 저를 숨 막히게 하고 겁먹게 했는데 과정이라고 생각하고 보니, 건강한 상태로 작업에 임할 수 있게 되었어요. 근데 내년이 되면 또 바뀔지 모르겠네요. "결국엔 결과더라고요" 하고 말할 수도 있겠죠.(일동 웃음)

아무튼 이런 이야기를 꺼낸 이유는 감독들은 미시적으로도 봤다가, 거시적으로도 봤다가 시점 변화를 계속 줘야 하는 것 같아요. 균형 유지가 무척 필요한 것 같습니다. 영화를 처음 시작할 때부터 느꼈던 건데 정말 배짱만 있으면 되는 것 같아요. 결과가 아닌 과정의 하나일 뿐이니깐, 결과를 두려워 말고 배짱을 가지고 시작해보셨으면 좋겠습니다. 제가 만약 스무 살 때 현장의 에너지를 느끼지 못했더라면 저는 지금 굉장히 다른 모습으로 살아가고 있을 것 같아요. 지금과는 다르게 세상을 해석하고 다른 경험을 하게 됐을 것 같은데, 저는 지금이 아주 마음에 들거든요. 영화를 통해 세상을 경험해 나가는 것, 그리고 그 속에서 나이 들어 가는 것이 아주 좋아요. 영화를 하고 싶다면 주저하지 말고 그런 경험을 적극적으로 해보시면 좋을 것 같습니다.

허 정 제 생각에는 만들고 싶어 하는 사람들은 처음에는 어떻게 만들어야 할지 몰라서 못 만드는 경우도 많은 것 같아요. 그냥 영화가 좋아서 시작하는 사람들의 경우에는, 사실 영화라는 것이 혼자서는 만들 수 없는 거잖아요. 그럼 의미에서 사람을 만나는 것이 정말 중요하다고 생각합니다. 저 역시 정말 좋은 사람들을 많이 만났고 그들과 영화를 만들면서 많은 걸 배웠고 도움도 많이 받았어요. 그런데 사실 그런 도움을 받으려면 자신도 누군가 열심히 만드는 것을 함께 돕고 그래야 다시 도움을 받을 수 있습니다. 함께 영화를 만들 좋은 동료를 만나고, 자기 자신만의 영화가 아니라 다른 누군가의 좋은 작품을 만드는 작업에 참여하고 하는 과정들이 결과적으로는 스스로를 앞으로 나아갈 수 있게 하지 않을까 하는 생각이 드네요.

모은영 미쟝센 단편영화제가 벌써 15주년이 되었고요. 감독님들도 이제 새로운 감독들을 발굴하는 지점에 있으신데요. 미쟝센 단편영화제를 위시한 여러 영화제나 상영 기회를 통해 새롭게 등장할 감독님들에게 해주실 말씀이 있다면요.

허 정 영화에 대해서 각자가 생각하는 어떤 틀이 있잖아요. 거기에 너무 박혀 있지 않아도 되는 거 같아요. 좀 더 자유롭게 생각해도 좋은 거 같아요.

강진아 하고 싶은 이야기가 있어서 영화를 만든다기보다 카메라 같은 방법적인 어떤 것이 이유가 돼서 영화를 만들 수도 있는데요, 그래도 스스로를 담는 것은 놓치지 말았으면 좋겠어요. 설령 형식 때문에 영화를 시작했더라도 거기에 스스로의 아주 개인적인 것, 스스로가 잘 아는 것들을 담아낼 수 있기를 바랍니다.

모은영 앞으로 두 분은 어떤 영화를 만들고 싶으신지요?

허 정 주제적인 방향이야 계속 고민하고 있는 부분이라 지금 당장 무엇이

짧은 영화, 긴 이야기

라 이야기하기는 어렵고요, 저는 그냥 만드는 방식에 대해서만 약간 말씀을 드리고 싶습니다. 지금까지는 하고 싶은 형식과 이야기를 계속 어설프게 섞으려고 하는 게 있었는데, 이제는 한 번 정도는 제가 진짜 하고 싶은 이야기를 상업영화든 아니든 구조와 형식에 구애받지 않고 만들고 싶은 욕망도 있습니다. 또, 그동안 제가 직접 각본을 쓰다 보니 이제는 한 번쯤은 다른 사람과 아예 다른 이야기를 발전시켜서 만들고 싶은 생각도 드네요.

강진아 중요한 것은 반드시 지킬 수 있었으면 좋겠어요. 아무도 묻지 않아도, 아무도 이야기하지 않아도, 또 관객들에게 전해질 수도 있고, 전해지지 않을 수도 있겠지만 하고 싶은 의미 같은 것 있잖아요. '시선'이나 이런 것들은 어쩌면 소통되지 않아도 끝까지 갖고 있어도 된다고 생각해요. 하지만 이런 것들을 외압에 눌려 상실해 버린다면, 그때가 제일 위험하다고 생각합니다. 스스로를 긍정할 수 없을 것 같아요. 단편영화가 됐든 장편영화가 됐든 긍정할 수 있는 작업을 해 나가길 바랍니다.

모은영 마지막으로 지금 새롭게 준비하고 있는 작업 얘기 좀 해주세요.

허 정 신작 장편 〈장산범〉 촬영을 얼마 전 마치고 지금 한참 후반 작업 중이고요, 올해 중에는 만날 수 있도록 생각하고 있습니다.

강진아 저는 지금 한참 프리 프로덕션 중이에요. 좋은 작품을 만나게 되어 작업 중입니다.

모은영 두 분 항상 응원하겠습니다!

강진아 옛날에는 온갖 신들에게 '내 영화만 잘되게 해 달라'고 빌고 그랬는데,(웃음) 이제는 같은 생태계에 있다는 체감이 되어서 그런지 진짜 모든 분들을 응원하게 되는 것 같아요. 혼자 내밀하게 고민하는 고독한 감독들이 더 잘됐으면 좋겠어요.

짧은 영화, 긴 이야기

· 허정 감독 단편 필모그래피   · 강진아 감독 단편 필모그래피

〈SF영화〉(2009)   〈네쌍둥이의 자살〉(2008)

〈저주의 기간〉(2010)   〈백년해로외전〉(2009)

〈주희〉(2012)   〈49일째 날〉(2010)

                               〈구천리 마을잔치〉(2011)

· 인터뷰어 _ 모은영 (영화평론가)

중앙대학교 첨단영상대학원 영상전공 애니메이션이론박사 수료. 제3회 서울환경영화제, 한국영상자료원 시네마테크KOFA 프로그래머 역임, 현 인디애니페스트 프로그래머.

에필로그 인터뷰
'단편영화' 나만의 레시피!

Q. 단편영화에 대한 개인적 정의를 내려본다면?

구교환 엔딩 크레딧이 지나고 "끝났어? 여기서 끝이야?" 왜 거기서 끝나냐며 허무해하는 영화. 근데 나는 거기서 끝나서 만족스러운 영화.

김수진 '짧지만 영화!'

김한라 언제고 부담 없이 들여다볼 수 있는 삶의 편린 같은 것? 장편영화가 어떤 흐름을 들여다보는 것이라면, 단편영화는 어떤 순간을 들여다보게 되는 것 같아요.

나영길 말 그대로 '길이가 짧은 영화.' 장편영화의 종속적 하위 매체가 아닌, 고유의 영화적 체계를 지니고 있는 독립된 영화군(群).

손민영 보이지 않는 것을 통해 볼 수 있도록 해주는 것. 때문에 좋은 단편영화는 설명을 생략하고 익숙한 것을 새롭게 보게 해주는 작품이라고 생각한다.

손태겸 재미없는 답변일 수 있겠지만, 단편영화는 길이가 짧은 영화!

송우진 한 개, 혹은 두 개의 시퀀스로 이뤄진 짧은 이야기의 영화. '짧은 이야기'라는 단서를 붙인 것은 서사가 들어가 있어야 하기 때문이다. 좋은 단편영화는 우리의 삶의 아주 작은 부분이라도 반드시 반영하고 있다.

안주영 러닝타임 30분 이내의 영화.

오태현 20분 내외의 영화.

짧은 영화, 긴 이야기

이정호 길고 짧고 상관없이 모든 영화는 감정 덩어리라고 생각한다. 굳이 단편영화라고 하는 것에 정의를 내린다면 '작은 선물상자 안에 담긴 감정'이라고 말하고 싶다.

이형석 비록 하나의 단상에서 시작되지만, 삶의 한 단면을 치열하게, 한 호흡으로, 단 한 명의 관객에게도 자신이 하고 싶은 이야기를 할 수 있는 영화.

Q. 단편영화의 매력 혹은 장점은 무엇이라 생각하나?

구교환 길이가 짧은데 결코 얕지 않다. 그리고 의지만 있다면 오늘도 찍을 수 있다.

김수진 장편 상업영화에서 볼 수 없는 그림과 내용들을 볼 수 있다는 것. 좀 더 자유로운 내용들을 다룰 수 있다는 점. 그리고 역시 짧다는 것!

김한라 길이가 짧다는 것이 최고의 매력이죠. 짧은 러닝타임 안에서 신선하고 다양한 어떤 지점들을 흐름을 통해 보기보다, 순간을 통해 발견하게 되는 게 단편의 매력 아닐까요.

나영길 가장 중요한 요소이자 장점은 '영화적 밀도'에 있다. 내러티브와 이미지와 정서를 최대한 응축시켜서 '제한된' 시간 안에 풀어낸다는 것, 그래서 단편영화를 보는 것은 '영화의 에센스'를 목도하고 있는 것이기도 하다. 또한 단편영화야말로 영화 시장의 전혀 다른 활력으로 작용할 가능성이 매우 큰 분야라는 생각이 든다.

손민영 솔직함, 간결함! 관객 입장에서는 더욱 신선하면서도 강렬한 무언가를 느낄 수 있는 장점이 있다.

손태겸 몇몇 단편영화들을 통해 장편영화에서 느껴보지 못한 충격을 받았던 적이 있다. 단편영화는 그 고유한 에너지를 가지고 있다고 생각한다. 또한 연출을 희망하는 이들에게 접근성이 좋은 포맷이라는 점 역시 장점이다.

송우진 장편영화에서는 다채로운 무기들이 관객 앞에 등장한다. 개성이 넘쳐나는 인물들, 반전을 거듭하는 사건들, CGI로 만든 현란한 장면들. 단편영화는 작은 칼이다. 단번에 관객의 폐부를 찔러야만 한다. 대신 날카롭게 다듬어진 단편영화는 깊숙이 찌를 수 있다. 어쩌면 어설픈 장편영화보다 더 아플 수 있다. 그것이 단편영화의 매력이다.

안주영 단편영화는 강에서 놀다가 우연히 강바닥의 사금을 발견할 때와 같은 기분을 줄 수 있다. 서사적인 구조에서 오는 긴 호흡의 장편영화에 비해 사람들이 보통 잘 생각하지 못하는 어떤 것의 이면을 짧고 강렬하게 드러낼 수 있다.

오태헌 굳이 기승전결의 극적 구조에 얽매이지 않아도 충분히 괜찮은 영화가 나올 수 있다는 점. 더구나 비교적 저렴한 가격에 감독 소리를 들을 수 있게 된다!

이정호 단편영화의 매력은 도전이라고 본다. 표현에 대한 도전에 있어서 경제적으로나 시간적, 환경적으로 모든 면에서 장편보다 유리하다는 것. 그리고 빠르게 성장할 수 있다는 점.

이형석 짧은 시간 동안 관객에게 낯선 여행을 이끌어주는 나침반 같은, 그러면서도 시각적인 잔상은 그 어떤 매체보다 강력하게 오랫동안 남을 수 있는 묘한 매력. 누구나 필름메이커가 될 수 있다는 점. 시나리오부터 편집까지 외부의 간섭이 거의 없는 상태에서 영화를 완성할 수 있다는 일종의 순수성.

Q. 영화를 처음 찍을 때, 가장 두려운 점은 무엇이었나?

구교환 몰라서 두렵지 않았다. 이제 두려워진 점은 재밌는 장면인데 관객이 웃지 않을까 봐. 그리고 더욱 두려운 점은 웃긴 장면이 아닌데 관객들이 웃을까 봐.

김수진 십수 명의 스태프들이 오로지 내가 쓴 글을 지표 삼아 영화를 만들어 간다는 것. '과연 이 많은 이들이 이렇게 시간과 노력을 쏟을 만한 내용을 만들고 있는 것일까?'라는 질문을 계속 하게 되면서, 두려워했던 기억이 난다.

김한라 촬영 바로 전날. 모든 걸 다 정리하고 분명히 누웠는데 잠이 안 오고, 콜 타임은 다가오는데 잠은 여전히 안 오고. 그러다 눈을 잠깐 붙였다 뜨면 바로 알람이 울리고… 가장 두려운 점은 촬영 날 그 자체인 것 같다.

나영길 맨 처음 영화(라고 스스로 여기던 어떤 것)를 찍었을 때는 17세 무렵이었다. 학급 동기들 모아놓고 짜장면 사 먹이면서 당시 가지고 있던 8mm 캠코더로 영화를 만들었는데, 돌이켜보면 딱히 뭔가를 두렵게 여기지는 않았던 것 같다. 그냥 너무 재미있었다. 최초의 충격은 영상원 영화과 시절, 워크숍 수업 때 이창동 선생님이 내 영화를 보시고는, "이런 거 하려면 영화 하지 마라"라고 말씀하셨을 때 받았다. 영화에 관해 새롭게 고민하게 된 계기가 되었다. 영화는 오히려, 찍을수록 더 많은 두려움과 부담을 갖게 하는 것 같다.

손민영 내가 이야기하려고 하는 바가 이야기할 만한 가치가 있는 것인지에 대한 두려움. 이미 많이 회자가 되고 있는 주제라면 내가 왜 다시 그 주제를 이야기해야 하는지, 혹은 다른 시각의 주제라면 내 생각이 보편적인 관점에서 받아들여질 수 있는지에 대한 고민과 두려움이 많았다.

손태겸 첫 연출한 영화를 처음 여러 친구들과 함께 관람하는 경험을 하던 날 두려움을 느꼈다. 창피하고 너무나 무서웠고 도망가고 싶었다. 식은땀이 나던 날이었다.

송우진 배우를 대하는 것이 가장 두려웠다. 처음 배우를 대하는 것이어서 긴장도 많이 하고, 실수도 많이 했다.

안주영 아무 것도 몰랐기 때문에 아무 것도 두렵지 않았다. 친한 친구들이랑 소풍가는 기분으로 찍었다. 두려운 것은 그 다음이었다. 스태프가 점점 많아질수록, 배우가 점점 많아질수록, 잘 만들고 싶다는 강박이 점점 더 커질수록 두려움은 기하급수적으로 늘어 갔다. 그래서 항상 지금이 제일 두렵다.

오태헌 뭘 몰라서 두려웠던 것도 없었다. 당시엔 뭐든 잘 할 수 있을 줄 알았다. 물론 몹시 겸손해지기까지 그리 오랜 시간이 걸리진 않더라. 타이슨의 유명한 격언이 생각난다. 맞기 전까진 누구에게나 그럴듯

한 계획이 있다는.

이정호 나 자신의 믿음이 흔들릴 때가 가장 두려웠다. 영화를 제작하는 과
정에서 아무리 사전에 많은 것을 준비했더라도 영화가 생각대로 잘
만들어지고 있을까라는 믿음이 흔들리게 되어 있다.

이형석 머릿속의 상상력이 얼마나 구현될 수 있을까에 대한 막연한 두려움
과 촬영 현장에서 돌발적으로 발생하는 변수들, 혹은 악재들.

Q. 자신의 단편영화에서 가장 아름다운 미쟝센이 있었다면?

구교환 배우들의 얼굴.

김수진 꼭 그런 장면을 만들 수 있도록 노력하겠다.

김한라 〈집으로 오는 길〉에서 정말 좋아하는 순간이 있다. 현실은 굉장히
비참한 상황에서 쇼핑을 하는데, 사실상 옷을 살 때는 그런 것들을
잊어버린 채, 열심히 고르는 장면이다. 삼천 원짜리 외투지만 더 좋
은 옷을 고르려고, 엄청난 옷더미를 뒤진다. 그리고 계산을 하며 흐
뭇해하는 그 순간이 무척 좋다. 인간답달까. 매번 볼 때마다 생이
그런 것 아닐까?란 생각이 들게 한다.

나영길 내가 가장 중요하게 생각하는 미쟝센이란 결국 몸, 사람의 살과 신
체라는 광경이다. 〈호산나〉 때의 지혜찬, 박지환, 형영선, 조영도,
정종열, 김은경 등 모든 배우가 지니고 있었던 고유의 광경, 신체와
표정과 행동이 모두 가장 아름다웠던 미쟝센이었다.

손민영 아름답다고 말할 수는 없지만 제일 생각나는 장면은 단편영화 〈좁은 길〉의 엔딩이다. 주인공이 죽어 가는 친구를 끌어안고 오열하는 바로 옆으로 차들이 무심히 달리는 장면이었는데 어쩌면 우리가 너무 빨리 지나치며 몰랐을 누군가의 고통에 대한 주제를 전달하고자 했다.

손태겸 자평을 하게 만드는 질문이라 답을 하려면 뻔뻔해져야겠다⋯ 영화학과 졸업 작품이었던 〈야간비행〉의 한 장면이다. 주인공 소년이 원나잇 상대였던 남자가 살고 있는 아파트 단지 안에서 남자를 기다리는 신이 있다. 당시 조명을 거의 쓰지 않고 가로등을 많이 활용했는데 소년이 남자를 기다리는 장소도 몹시 환한 태양광 가로등 아래였다. 수직으로 떨어지는 가로등 불빛과 그 아래에서 가만히 위를 올려다보며 남자를 기다리는 소년의 얼굴이, 지금도 다시 보고 싶은 쇼트 가운데 하나다.

송우진 〈아귀〉의 마지막 장면. 한 손에는 돈 가방을 들고, 다른 손에는 앰뷸런스의 문턱을 잡고 간신히 매달린 간호사의 절박한 상황. 리허설을 진행하며 모니터를 보니 영화의 메시지가 한 장면에 고스란히 표현되어 무척이나 흡족했다. 그때 옆에서 함께 모니터를 보던 촬영감독이 "와~ 이거 완전 인셉션 같다!" 툭 내뱉는데, 장면의 미쟝센이 더 아름답게 느껴졌다.

안주영 미쟝센에서 틀었던 〈옆 구르기〉의 128번째 커트를 가장 좋아한다. 아무도 없는 운동장에서 옆 구르기를 연습하고 있는 두 주인공들의 롱숏.

오태헌 부끄럽지만 당시엔 내러티브를 온전히 전달하는 것만으로도 벅차 미쟝센에 신경 쓸 만한 여력이 없었다…

이정호 첫 작품 〈별사탕〉에서 아버지와 어린 아들의 신이다. 별사탕을 맛있게 먹고 있는 어린 아들 앞에서 아버지는 자신이 쓴 편지가 마음에 들지 않자, 편지지를 바닥으로 구겨서 던져버린다. 이것을 본 아들이 구겨진 편지지 위에 빨간 별사탕을 한 알 놓자, 마치 한 송이 꽃의 모양이 된다.

이형석 (스스로 꺼내기 부끄럽지만, 굳이 꼽는다면) 〈소년과 양〉에서 억울한 누명을 쓰고 경찰관에게 끌려가는 소년을 응시하는 약 45초의 롱테이크. 필름의 질감과 핸드헬드 카메라로 영화를 관통하는 엔딩 장면을 표현하려고 애썼는데, 이성국 촬영감독의 도움이 없었다면 불가능했을 것이다.

Q. 장편 데뷔 후에 단편영화 작업이 필요하다고 생각하나? 그렇다면 어떤 의미가 될 수 있을까?

구교환 필요하다. 데뷔 전후를 떠나서 하고 싶은 짧은 순간의 이야기가 있고 그게 꼭 영상으로 표현되어야 하는 이유가 있다면 만드는 게 당연하다.

김수진 기회만 있다면 계속 단편 작업을 해 나가고 싶다. 많은 장편영화들을 억지로 단편영화로 줄일 수 없듯이, 장편으로 만들기는 맞지 않는 이야기들을 단편으로 만들 수 있다는 점에서 단편 작업은 그만의 의미를 가진다고 생각한다. 서로 다른 종류의 이야기를 할 수 있는, 다른 장르라고도 볼 수 있다는 것이다.

김한라 장편과 단편은 호흡이 다르다. 장편 데뷔 이후에 단편영화 작업을 한다면, 그건 새로운 이야기에 도전해보려고 하거나, 아니면 어떤 프로젝트를 할 때일 것 같다.

나영길 장편과 단편은 각자 고유의 영화적 체계를 가진, 그저 다른 카테고리로서의 영화 분야라고 생각한다. '필요'를 떠나서, 어떤 이야기가 단편에 맞다면 단편으로 찍는 것이 당연하다. 각각의 이야기들마다, 자신에게 맞는 옷이 있는 것!

손민영 당연히 필요하다고 생각한다. 모든 이야기는 그 이야기에 맞는 길이가 있는데 연출자가 관객과 소통하고 싶은 이야기가 있다고 할 때, 단편영화가 그 이야기의 길이에 적합하다면 당연히 단편으로 작업해야 한다고 생각한다.

손태겸 단편영화는 그 작업 과정을 돌이켜봤을 때 언제나 매력이 있는 포맷이기 때문에 언제든 해볼 만한 가치가 있지 않나 싶다. 연출의 입장에서만 생각하자면 단편영화 작업은 자기만족을 시켜주는 무언가가 있는 것 같다. 그리고 그 충족은 작업을 계속 해 나가야 하는 연출자에게 큰 의미라고 생각한다.

송우진 구상한 이야기를 담을 그릇의 종류는 어떤 이야기의 성격에 따라 달라질 것이다. 반드시 하고 싶은 이야기가 있고, 그 이야기의 그릇으로 단편영화가 어울린다면 망설임은 없을 것이다.

안주영 필요하다기보다는 단편이 찍고 싶어지는 순간이 올 수도 있을 것 같다. 찍고 나면 영화를 바라보는 관점에 약간의 변화가 생길 것 같은데 정확히 어떤 식으로 변화할지는 잘 모르겠다.

오태헌 찍고 싶으면 찍고, 찍기 싫으면 안 찍으면 되지 않을까? 만약 찍는다면 유명 스태프와 배우를 쓸 수 있으니 좋을 것 같긴 하다. 그만큼 매너리즘에 빠질 수도 있겠지만.

이정호 장편을 데뷔했다고 해서 단편영화를 안 만들 이유는 없다고 본다. 영화라는 감정 덩어리를 만들 때, 꼭 필요한 방법이 짧은 내용이냐, 긴 내용이냐에 따라서 선택하면 된다고 생각한다. 어떤 영화든 완성하게 되면 성장을 하게 될 테니까.

이형석 장편을 만든 감독님들의 단편도 자주 접하고 싶다는 생각을 늘 했다. 그렇게 저변이 확대되어, 단편영화를 동네 극장에서도 접할 수 있는 시대가 오길 바란다.

Q. 미쟝센 단편영화제 수상 이후 변화된 점은?

구교환 똑같다.

김수진 항상 영화를 만들기 전에 이 이야기가 만들어질 가치가 있는 것인지, 사람들과 함께 생각해볼 만한 이야기인지, 혹은 더 원초적으로… 이게 재미가 있는 건지! 등을 고민하게 된다. 미쟝센 단편영화제에서의 수상 이후에는 그런 고민들 속에서 조금 덜 방황할 수 있는 힘을 얻지 않았나 싶다. 아, 그래도 내가 생각하는 게 영 틀린 건 아닌가보다… 하는 거.

김한라 "우리 딸이지만, 참 어떻게 살아갈지 걱정이다"라며 어두웠던 부모님의 얼굴이 조금은 밝아진 게 가장 크게 변화된 점이다(슬프게도 지금은 전보다 더 어두워졌다…). 영화 관련해서는 감독이 남자인 줄 알았는데 여자여서 놀랐다는 분들이 너무 많아서 외려 더 놀랐다. 이름을 잘못 부른다는 게 포인트가 아니고, 그만큼 많은 분들이 봐주시고 이야기해주시고 해서서. 내가 보여주고 싶었던 세계를 이해하고 공감해주시는 관객분들을 만나면서, 외려 더 큰 이야기들을 경험하고 받는 게 아닌가란 생각이 들었다.

나영길 사실, '단편영화'라는 것에 별 다른 의미를 부여하지는 않았었다. 그럴듯한 장편 데뷔 과정으로서의 '수업' 정도로 인식하고 있었다. 미쟝센 단편영화제는 단편영화 자체의 가능성을 처음으로 인식하고 고민하게 된 계기가 되었다.

손민영 외부적인 상황이 달라진 것은 없다. 다만 스스로 그동안 하고자 했던 이야기들이 무의미한 것만은 아니구나 판단할 수는 있었다. 또한 단편영화 작업을 하며 시도해본 다양한 표현 방식 중에 나에게 가장 적합한 것이 어떤 것인지 가늠할 수 있는 계기가 되었다.

손태겸 영화 일을 하면서 '다음'을 기약한다는 게 참 어렵다는 걸 항상 느끼는데, 멀어서 보이지 않는 그 '다음'이 조금이나마 보이는 위치로 (그래도 아직 아주 멀지만) 다가왔다는 점이 수상 이후 크게 달라진 부분이라고 생각한다. 그리고 미쟝센 영화제는 각 분야에서 일하시는 여러 사람들을 새로이 만나게 해주었다. 배우분들부터 PD님들까지 다양한 인맥을 형성할 수 있어서 매우 뿌듯했다. 또한 너무나 훌륭한 의자가 생겨 부모님께서 좋아하신다.

송우진 써 놓은 책(시나리오)이 있는지 물어보는 영화 관계자들이 늘어난다. 전화번호는 어떻게 알았는지 얼굴 한번 보자는 전화도 여기저기서 꽤 온다. 하지만, 그런 '허니문' 기간은 반년을 넘기지 않았다.

안주영 나를 별 볼 일 없게 생각하던 사람들이 나를 좋아하는 척을 해주기도 한다.

오태헌 정 영화를 하고 싶으면 감독 말고 그것과 관련된 다른 일을 하는 것도 한번 고려해보라던 부모님들께서 더 이상 그런 말씀을 하지 않으신다.

이정호 가장 좋은 점은 수상한 감독님들이 다음 해부터 예심을 본다는 것. 덕분에 2년 동안 매해 새로 만들어진, 그리고 다양한 단편들을 보았다. 그리고 영화와 관련된 분들의 연락을 받거나, 만나게 될 일이 생긴다. 미쟝센 영화제 이후에는 영화 관련 배우라든지 스태프, 혹은 감독님의 연락망 등이 영화제 측에 연락하면 공유가 잘돼서 다음 영화제작에 어려움 없이 눈여겨본 사람들과 연결될 수 있다는 이점이 있다.

이형석 영화 제목을 얘기하면, "아, 미쟝센에서 상영했던 영화죠?"라는 반문을 받을 때, 뿌듯했다.

Q. 한국 영화 사상 최고의 단편영화로 생각하는 작품이 있다면?

구교환 〈라즈 온 에어〉(2012). 트랜스젠더 '라즈'를 주인공으로 하는 단편다큐멘터리다. 라즈를 소개받은 기분이었다.

김수진 김영관 감독님의 〈죽기직전 그들〉(2008).

김한라 〈핵분열가족〉(2004). 개인적으로는 피가 튀고 머리가 날아다니고 팔다리 뜯기고 폭발하고 하는 장면들을 무척 좋아해서…

나영길 '사상 최고'라는 말이 주는 압박감이 좀 있다고 여겨지지만, 권성현 감독의 〈수족관〉(2004).

손민영 너무 훌륭한 단편영화가 많아 지난 작품들 중에 한 편을 꼽기는 어려울 것 같고 이번 미쟝센 단편영화제에 출품된 작품 중 하나를 고르자면, 이지원 감독의 〈여름밤〉(2016). 마음의 울림이 많이 있었다.

손태겸 김희진 감독의 〈수학여행〉(2010). 김희진 감독은 오랜 시간 학교생활을 같이해서 이 작품 이외에도 몇 편의 단편연출작을 보았는데, 항상 그 능력이 부러운 감독이다.

송우진 박찬욱 감독님의 〈심판〉(1999). 못 보신 분들은 꼭 한번 보시길 강력히 추천한다.

안주영 이완수의 〈아비정전〉(2008). 처음으로 단편영화가 이렇게 좋을 수도 있구나 하는 생각이 들었다.

오태헌 조성희 감독의 〈남매의 집〉(2009). 난 죽었다 깨나도 저런 영화는 못 만들겠다 싶은 열패감이 느껴졌다.

이정호 10년 전에 본 〈폴라로이드 작동법〉(2004)이 아직까지는 기억에 많이 남는다. 영화를 알게 되면서 지금까지 감정이나 표현법 등 그때, 그때마다 많은 것들이 보이는 작품이기 때문에.

이형석 김진한 감독님의 〈햇빛 자르는 아이〉(1995).

Q. 미쟝센 단편영화제의 5개 장르 부문에 대해서는 어떻게 생각하는가? 장점과 단점 그리고 비판적으로 생각하는 점이 있다면?

구교환 정확한 취향별로 메뉴가 5개나 있다는 것은 선택하는 입장에서 행복한 일이다. 새로 추가된 '식스센스' 부문은 아직 그 맛을 모르겠지만 시도해보고 싶은 욕구를 자극한다.

김수진 관객은 취향 따라 장르별로 골라 볼 수 있고, 만드는 사람들도 같은 분류에 속하는 영화들을 보면서 서로 다른 자극들을 받고, 좋다고 생각한다. 한 가지의 장르로 분류할 수 없는 영화들도 많지만, 그래도 좋은 영화들은 어쨌든 보게 된다고 생각한다. 일례로 엄태화 감독님의 〈숲〉은 진짜 5개 장르 어디로 들어가도 다 괜찮다고 생각했다.

김한라 장르를 나눠서 볼 수 있다는 것은 참 좋은 것 같다. 상업영화처럼 나누기 어려운 장르들을 그나마 타 영화제와 다르게 구별해서 볼 수 있다는 것도 큰 장점이다. 다만 그게 단점이 될 수도 있을 것 같다.

나영길 충분히 의미 있는 시도라고 생각한다. 한국 영화에 있어서 가장 취약한 지점은 바로 '장르'에 있기 때문이다. 제대로 된 '장르 장편영화'에 관한 인식과 평가가 거의 전무한 가운데, 단편영화를 장르적으로 나누고 시상하는 영화제가 있다는 것은 거의 혁명에 가까운 일이라고 본다.

손민영 아무래도 단편영화는 기성 영화 작업과 달리 새로운 시도가 중요한데, 5개의 장르 구분으로 대부분의 단편영화를 수용할 수 있겠지만 애매한 영역에 놓인 단편영화들은 상대적으로 손해를 볼 수 있다고 생각한다. 그런 면에서 볼 때 이번에 새로 생긴 혼종 장르 섹션인 '식스 센스'가 좋은 시도라고 생각한다.

송우진 한국에서 액션스릴러 단편영화가 만들어지면 갈 곳이 거의 없다. 미장센 단편영화제만이 유일하다. 실제로도 〈아귀〉를 국내 다른 단편영화제들에도 빠짐없이 출품했지만, 두 개의 영화제를 제외하고는 모두 상영되지 못했다. 미장센 단편영화제가 없었다면, 이런 인터뷰의 기회도 없었겠죠?

안주영 장르별로 나눠져 있어서 골라보는 재미는 있는데 사실 영화를 다보고 나면 왜 이 영화가 이 장르에 속하는 것인가라는 반문이 들 때가 많다. 그 영화가 맞지 않는 장르에 속해있다는 얘기가 아니라 꼭이 영화에 장르의 프레임을 걸어야 하나··· 라는 생각이 든다는 것.

오태헌 다양한 장르를 상영하면서도 관객에게 원하는 장르의 영화를 볼 수있도록 선택권을 줬다는 것이 큰 장점인 것 같다.

이정호 5개로 분류했기 때문에 각 장르에서 특출한 작품을 선정할 수 있다는 장점이 있을 것이고, 반대로 생각하면 장르가 애매모호한 영화들은 기준에서 탈락될 수 있다는 것이다. 하지만 이번에 생긴 '식스센스'라는 장르를 통해 단점이 줄어들었을 것이라고 본다. 거기다 다른 영화제와 달리 수상에도 많은 기회가 생기는 것이 장점이다.

이형석 장르적인 장점이 있는 영화들을 5개의 장르로 선보일 수 있는 건 미장센 단편영화제만의 장점이라고 생각한다. 앞으로도 다른 영화제에서 접하기 힘든, 고유한 개성이 듬뿍 묻어나는 영화들을 소개해주세요.

Q. 영화 제작에 있어서 가장 적극적으로 해야 할 3가지는?
그리고 가장 피해야 할 3가지를 꼽는다면?

구교환 적극적으로 해야 할 3가지는 배우 캐스팅, 로케이션 헌팅, 편집.
피해야 할 3가지는 불신, 절망, 운!

김수진 할 수 있는 3가지는 생각은 다 해보는 것, 선택하는 것, 책임지는
것. 피해야 할 세 가지는 그 반대. 대충하는 것, 우유부단한 것, 책
임 회피하는 것.

김한라 돈을 버세요. 일단 글을 쓰세요. 좋은 조연출을 만나셔야 합니다.
피해야 할 3가지는 돈이 없으면 안 됩니다. 시나리오가 없어도 안
되죠. 좋은 스태프를 꾸리는 것 역시 연출자의 능력입니다.

나영길 가장 중요한 것은 시나리오라고 생각한다. 이것이 말이 되는가 하는
질문. 그리고 이것이 영화가 되겠는가 하는 질문.

손민영 이건 사실 스스로에게 하는 다짐인데… 먼저 해야 할 것은 다른 사
람들의 의견을 경청할 것, 자기 확신을 가질 것, 반드시 최종 완성
본을 만들 것. 피해야 할 것은 갈등을 두려워하는 것, 막연한 기대
를 하는 것, 포기하는 것.

손태겸 영화를 만든다는 것은 혼자만의 힘으로 되는 것이 아니라는 걸 기
억해야 한다. 끊임없이 여러 사람들과 만나 소통을 해야 하는 게 제
작/연출하는 사람의 일이라서 타인들과의 원활한 관계를 유지하는
것이 무척 중요하다. 그만큼 소통을 잘해야 한다는 걸 이야기하고
싶다. 내가 무엇을 원하는지에 대해 스스로 잘 아는 것과, 함께하는

스태프들이 이를 명확히 공유할 수 있도록 하는 것이 가장 적극적으로 해야 하는 일 중 하나인 것 같다. 반대로 이를 소홀히 해서 이쯤 되면 무슨 말인지 다들 알겠지 하고 혼자 생각하고 넘어가는 일은 피해야 하는 일 중 하나다.

송우진 첫째, 좋은 배우를 캐스팅할 것! 축구와 비슷하다. 잘하는 선수가 잘한다. 둘째, 우리 삶과 닿아 있는 이야기를 선택할 것! 결국 영화는 타인에게 보여주기 위한 것이다. 나 아닌 누군가가 아무런 감흥을 느끼지 못한다면 완벽한 실패다. 셋째, 오디오에 신경 쓸 것! 비쥬얼이 후진 것은 스타일이 될 수 있지만, 오디오가 후진 것은 그냥 망한 것이다. 피해야 할 첫째, 친한 사람을 캐스팅하는 것! 친구끼리만 돌려 볼 영화라면 굳이 큰 상관은 없다. 피해야 할 두 번째, 자신이 모르는 이야기를 하는 것! 감독은 배우와 스태프에게 자신의 비전을 전달하고 설명할 수 있어야 한다. 감독이 잘 모른다면 아무도 모를 것이다. 피해야 할 세 번째, 완성도를 높인다고 무작정 완성을 미루는 것! 시나리오 쓸 때, 촬영할 때, 편집할 때. 반드시 마감을 정하고 맞추도록 노력하는 것이 중요하다. 쓸데없이 시간을 낭비하는 것은 아닌지 끊임없이 자기점검을 해야 한다.

안주영 한 편의 영화를 완성하고 나서 일정 시간이 지난 후에 다시 내 영화를 해체하는 작업을 시작한다. 영화를 복기하는 괴로운 시간 속에서 내가 과연 무엇을 놓쳤는가를 찾다 보면 문제의 시작은 항상 시나리오에 있었다. 그래서 계속해서 시나리오에 대해 생각한다. 촬영에 들어가서도 현장을 보며 시나리오를 더 좋게 만들 수 있는 것이 무엇이 있을까 끊임없이 찾는다. 그러기 위해서는 절대 어떤 순간에도 당황하고 긴장해서는 안 된다.

짧은 영화, 긴 이야기

오태헌 적극적이어야 할 것은 좋은 시나리오 쓰기, 좋은 스태프 및 배우 구하기, 자신이 원하는 것을 스스로 정확하게 알고, 그것을 다른 이들과 최대한 비슷하게 공유하기. 피해야 할 것은 이런저런 조언에 중심을 잃는 것, 자포자기, 곤조 부리는 스태프.

이정호 가장 적극적이어야 하는 것은 1. 이해, 2. 이해, 3. 소통이다. 1번의 이해와 2번의 이해는 다른 것인데, 1의 이해는 연출가가 배우와 스태프를 정말로 감정적으로 이해하는 것이고, 2의 이해는 1을 이해했으면, 이성적으로 지금 상황을 이해해야 된다는 것이다. 그리고 소통!! 그러한 것들이 이해가 되지도 않았는데 억지로 소통하는 것은 말도 안 된다. 그리고 감정적으로 이해를 하더라도 영화를 계속적으로 진행시키기 위해서는 이성적으로 최적의 선택을 해야 한다. 가장 피해야 할 것은 1. 거짓말, 2. 갑과 을 구분 짓기, 3. 불신. 거짓말은 내 작품에 대한 나 자신의 거짓말일 수도 있고, 스태프와 스태프 사이의 거짓말일 수도 있다. 다시 말해 뭐든지 거짓말보다는 솔직해야 된다는 것이다. 2번도 더 말할 게 없다. 연출은 왕이 아니다. 3번도 역시 더 말할 게 없다. 배우든 스태프든 모두를 믿어야 된다.

이형석 가장 적극적으로 해야 할 세 가지는 이야기 장악, 로케이션 헌팅, 카메라 워크. 가장 피해야 할 세 가지는 스태프와의 소통 부재, 치밀하지 못한 로케이션 선정, 열정 페이.

Q. 지금 단편영화를 준비하고 있는 학생들이나 데뷔를 앞두고 있는 많은 감독 지망생들에게 조언하고 싶은 말이 있다면…

구교환 우리 함께 실천하는 태도를 가져요.

김수진 우리 모두 파이팅!

김한라 우리 모두 다 힘든데, 그래도 가끔 누군가의 단편을 보며, 탄식하거나 발견하거나 하잖아요. 재밌어서 한다는 거. 그냥 이게 재밌고 즐거워서. 그러니 생이 어떻게 흘러가든 우리 힘내요. 잘되면 좋겠지만, 잘 안되면 그냥 술이나 마십시다. 당신이 보여준 순간을 이해해주는 사람은 분명히 있습니다. 우리, 힘내요.

나영길 내가 아닌 것들을 흉내 내지 말고, 우선 자기 자신이라는 문장을 오롯이 구축해보는 작업이 그 무엇보다 중요하다고 생각합니다.

손민영 아직 데뷔를 한 입장이 아니라서 아마도 단편영화를 이제 처음 찍어보고자 하는 학생들에게 간단히 조언을 드릴 수 있을 것 같아요. 처음부터 결과에 대한 욕심을 크게 갖지 않았으면 좋겠습니다. 정말 많이 고민하고 또 열심히 도전하다 보면 언젠가 좋은 기회가 찾아오지 않을까 하는 믿음을 가지시길 바래봅니다.

손태겸 영화학과를 다니던 대학교 2학년 때, 교수님께서 머릿속으로 구상한 이런 저런 이야기 중에서, '그래도 이건 나쁘지 않은데?' 하면서 계속 오랜 시간 품게 되는 이야기들을 묵혀두었다가 중요한 순간에, 이를테면 졸업 작품 찍어야 하는 순간에 풀어내라고 말씀하셨습니다. 저 역시 교수님 말씀대로 몇몇 이야기들 가운데 유독 버리기 싫

짧은 영화, 긴 이야기

은 이야기를 몇 년간 가지고 있다가 안 만들면 후회할 것 같은 마음에 졸업 작품으로 만들었고, 그 단편을 통해 생애 처음으로 영화제라는 곳에 가보게 되었습니다. 그래서 교수님이 해주신 이 이야기는 지금도 후배들을 만나면 가끔씩 들려주곤 합니다.

송우진 주위의 비판을 받아들일 줄 아는 용기와 지혜를 갖기를 바랍니다. 규모가 작은 단편영화라도 적어도 십 수 명의 사람들과 함께 공동 작업을 해 나갑니다. 이때 감독의 태도에 따라 주위 사람들이 비협조적인 방관자가 될 수도 있고, 적극적인 조력자가 될 수도 있습니다. 감독이 작품과 자기 자신을 너무나도 동일시한다면, 작품에 대한 비판을 감독 자신에 대한 공격으로 받아들이는 경우가 종종 있습니다. 저 역시 첫 단편영화를 만들 때, 시나리오의 문제점을 지적하는 배우에게 버럭 화를 낸 적이 있습니다. 분명, 그 배우는 자신이 느낀 문제점을 솔직하게 밝힌 것이지만, 저는 그런 행동을 감독 권위에 대한 도전으로 받아들인 것입니다. 지금 생각하면 참으로 부끄러운 일입니다. 만약 그때 그 배우의 의견을 듣고, 고민해서 시나리오를 수정했더라면, 훨씬 더 좋은 작품을 만들었을 텐데 말입니다. 여러분들이 열린 자세로 배우, 스태프들과 진솔한 소통을 나눈다면 그렇지 못한 단편영화의 현장보다 훨씬 더 많은 것을 배우고 성장할 수 있을 것입니다.

안주영 즐기면서 포기하지 않기. 저도 여러분도.

오태헌 슬프게도 누군가에게 조언을 할 만한 입장이 아닙니다…

이정호 저 또한 다음 작품을 준비하는 연출자로서, 모두가 힘들 거라는 것은 알고 있습니다. 제가 영화제에서 수상했다는 이유 때문에 이런 글을 쓰게 되었지만, 작품에 들어가게 되면 모두가 같은 위치입니다. 저도 모르는 것이 아직도 많고, 헤쳐 나가야 할 길은 끝없이 펼쳐져 있습니다. 거기다 많은 감독님들이 저보다도 뛰어나시고, 저보다도 영화를 잘 만들고 계십니다. 그런 저도 위를 보고 영화를 만듭니다. 항상 지금의 저를 뛰어넘기 위해서 말입니다. 인간에 대해 수없이 고민하고, 사랑과 행복이라는 관념적인 말에 수없이 질문을 해봅니다. 예전과 다르게 세월이 지나면서 그 질문의 답은 지금 저에게 맞는 신념을 만들어주고 있습니다.

이형석 영화 작업은 하고 싶은 이야기를 이미지로 구축하기 위해서 수없이 많은 좋은 재료들을 선별하는 과정이면서도, 또 한편으로는 영화적 이미지를 방해하는 장애물들을 소거하는 과정이 아닐까 생각합니다.

'단편영화' 나만의 레시피! 11인 감독 경력사항

구교환
13회 희극지왕 부문 최우수 작품상
〈왜 독립영화 감독들은 DVD를 주지
않는가?〉(2013)

송우진
13회 4만번의 구타 부문
최우수 작품상
〈아귀〉(2014)

김수진
12회 4만번의 구타 부문
최우수 작품상
〈선〉(2013)

안주영
14회 희극지왕 부문
최우수 작품상
〈옆 구르기〉(2014)

김한라
12회 비정성시 부문
최우수 작품상
〈집으로 오는 길〉(2012)

오태헌
11회 사랑에 관한 짧은 필름 부문
최우수 작품상
〈꽃은 시드는게 아니라...〉(2012)

나영길
13회 절대악몽 부문
심사위원 특별상
〈호산나〉(2014)

이정호
13회 비정성시 부문
최우수 작품상
〈일등급이다〉(2013)

손민영
14회 비정성시 부문
최우수 작품상
〈좁은 길〉(2014)

이형석
12회 사랑에 관한 짧은 필름 부문
최우수 작품상
〈소년과 양〉(2013)

손태겸
13회 사랑의 관한 짧은 필름 부문
최우수 작품상
〈여름방학〉(2012)

엔딩 크레딧

미쟝센 단편영화제 히스토리

MSFF HISTORY

2002년, 한국의 대표감독들이 단편영화를 위해서 뭉치다.

2002년, 이현승 감독이 '장르'의 상상력을 바탕으로 단편영화를 색다르게 볼 것을 제안하고, 각 장르를 대표하는 김성수, 김대승, 김지운, 류승완, 박찬욱, 봉준호, 허진호 감독감독이 이에 화답하면서 '미쟝센 단편영화제'는 탄생했다. 집행위원장에 이현승 감독, 부집행위원장에 박찬욱 감독을 선임한 미쟝센 단편영화제는 단편영화의 저변을 확대하고 후배감독들을 양성하겠다는 옹골찬 계획으로 영화제를 준비했고, 2002년 6월 '발칙한 상상력을 앞세운' 낯선 영화제는 자신의 탄생을 세상에 알릴 수 있었다. 그로부터 9년 후 2011년, 10회 미쟝센 단편영화제 폐막식에서 새로운 10년을 이끌어 갈 2기 집행위원을 발표하였다. 앞으로 한국영화계를 이끌어 갈 강형철, 권혁재, 나홍진, 민규동, 박정범, 윤종빈, 이경미, 이용주, 장철수, 장훈 감독 등 10인으로 구성되었고, 이후 강진아, 노덕, 엄태화, 조성희, 허정 감독이 합류하였으며, 2016년에는 15주년을 기념하여 이병헌, 이수진 감독이 합류했다. 이에는 특히 미쟝센 단편영화제 상영 및 수상 감독들이 포함되어 있어 한층 의미가 깊어졌다.

미쟝센 단편영화제는 두 가지 목적을 갖고 탄생했다.

한국영화의 기초 자산인 단편영화를 대중들에게 널리 알리는 것과 후배 감독들을 양성하자는 것! 2002년만 하더라도 단편영화라고 하면 일단 어렵고 실험적이라는 선입견이 강했고, 이로 인해 단편영화제로 관객을 흡수하는 것이 그리 쉬운 일이 아니었다. 이를 타개하기 위한 발상의 전환은 의외로 간단했다. 단편영화도 장편영화처럼 장르 개념을 도입하면 관객이 쉽게 단편영화를 접하고 이해할 수 있으리라는 것, 그것이 바로 미쟝센 단편영화제의 첫 번째 도전이었다. 물론 일각에서는 단편영화의 순수성을 해친다는 의견도 있었던 것이 사실이다. 이현승 감독은 한 발은 익숙한 장르의 영역에 머물고 있으면서 다른 한 발은 장르의 경계를 넘어 낯선 영토를 향해 나아가려는 영화까지 발굴하면 되지 않겠냐고 주장했고, 함께 영화제를 준비하기로 한 감독들은 결국 이현승 감독의 의도대로 가자, 라고 결정했다.

미쟝센 단편영화제 '장르의 상상력展' 이라는 이름이 탄생하다.

'우연히도' 그 당시 아모레퍼시픽은 '미쟝센'이란 헤어 브랜드를 막 출시하던 참이었다. 평소에 CF감독으로도 활동하며 아모레퍼시픽과 친분이 있었던 이현승 감독은 상품브랜드와 결합시킨 단편영화제를 개최하여 한국영화의 발전에 기여해 달라며 아모레퍼시픽을 설득했다. '장면화' 혹은 '연출하다'라는 의미인 미쟝센은 영화와 헤어 브랜드를 동시에 아우르는 중의적인 의미로서 영화제 공식 명칭으로 확정되었고, 아모레퍼시픽 미쟝센 브랜드의 적극적인 후원으로 2002년 6월 25일 제1회 영화제를 개최하게 된다. 개막식 당일, 집행위원 감독들은 객석을 가득 메운 관객을 보며 영화제의 성공을 직감했다. 자신의 영화가 흥행에 성공한 것만큼, 아찔한 짜릿함을 맛보는 순간이었다. 2002년 첫 번째 개최 이후 미쟝센 단편영화제가 국내 최고의 단편영화제로 자리하는 데 있어 아모레퍼시픽의 기업마인드가 절대적이었다. 오래 전부터 문화와 예술 분야에 대해 다양한 방식으로 지원해왔던 아모레퍼시픽은 후원은 하되 관여는 하지 않는다는 원칙하에 미쟝센 단편영화제를 든든하게 지켜주고 있다. 물론 지방자치단체나 기업이 마케팅 차원에서 영화제를 지원하는 경우는 미쟝센 단편영화제 이전과 이후에도 종종 있었다. 하지만 문화적 마인드가 뒷받침되지 않은 경우 지나친 간섭과 압력이 영화제를 잘못된 방향으로 이끌기도 하고 마케팅에 실질적인 도움이 안 된다는 이유에서 일방적으로 영화제를 중단하는 사태도 빚어진다. 미쟝센 단편영화제는 훌륭한 기업 정신과 영화가 행복하게 조우한 경우라 할 수 있다.

독특한 이름을 가진 여섯 개 장르별 섹션이 탄생하다.

경쟁부문을 5개의 장르로 구성하면서 각 섹션의 장르 명칭을 영화 제목에서 빌려오기로 결정했다. 박찬욱 감독은 사회적 관점을 다룬 영화의 섹션 명칭을 허우 샤오시엔 감독의 〈비정성시〉에서 빌려오기로 결정했고, 허진호 감독과 김대승 감독은 키에슬로프스키 감독의 〈사랑에 관한 짧은 필름〉을 멜로드라마의 섹션 명칭으로 결정했고, 봉준호 감독은 코미디 섹션의 명칭을 주성치 감독의 〈희극지왕〉에서 빌려오기로 했다. 공포, 판타지는 김지운 감독과 장준환 감독이 '절대악몽'이라 결정했고, 액션, 스릴러는 김성수 감독, 류승완 감독이 프랑수아 트뤼포 감독의 〈400번의 구타〉를 변형하여 4천 번도 아닌 무려 '4만번의 구타'라 명명했다. 집행위원 감독들은 각자의 장르적 취향과 영화적 안목이 잘 반영된 섹션 명칭이라 자화자찬하며 흐뭇해했다. 한편, 15주년을 기념, 한국단편영화계의 확장과 번영을 기원하며 〈식스 센스〉 부문을 추가로 신설하였다. 관객의 편견과 예상을 뛰어넘는 영화를 지지한다는 의미에서 M.나이트 샤말란 감독의 동명 영화 〈식스 센스〉에서 이름을 빌려왔으며, 이번 신설 장르를 통하여 기존 다섯 장르가 포괄할 수 없던 독창적이고 창의적인 작품들은 물론, 확장영화 및 디지털 시대의 혼종장르를 아우르는 다양한 작품을 소개했다.

'감독의', '감독에 의한', '감독을 위한' 심사와 시상이 시작되다.

일반적인 영화제 심사는 감독, 평론가, 프로듀서 등 다양한 성격의 심사위원이 함께 참여한다. 그러다 보니 다양한 심사위원의 취향을 고루 만족시킬 수 있는 영화가 수상작으로 결정되곤 한다. 즉, 자신이 가장 선호하는 영화보다는 모두가 싫어하지 않을만한 '무난한' 영화가 상을 받게 된다는 것이다. 미쟝센 단편영화제는 각 장르를 담당하는 2인의 심사위원 감독이 그 섹션의 최우수 작품상을 결정하는 방식을 취했다. 자신의 주관대로, 취향대로, 영화적 고집대로 수상 작품을 선정하는 것이다. 작품에 대한 절대적 평가가 아닌, 심사를 맡은 감독의 취향에 따라 개성 있는 작품을 발굴하고 싶었다. 너무 주관적인 심사 아니냐고? 그렇다! 미쟝센 단편영화제는 주관적으로 심사하기를 지향해 왔고, 이를 통해 무난한 영화가 아니라 발칙한 상상력을 앞세운 개성 있는 영화를 격려하고 지지하고자 했다. 그것이 장르의 벽을 넘어설 수 있는 유일한 방식이라 믿었다. 대상 작품의 선정은 늘 까다롭다. 대상은 최우수 작품상을 수상한 작품 중 여타 수상작을 넘어서는 상상력과 완성도를 보여준다고 심사위원 감독들이 인정했을 때만 수여하기로 결정했다. 그 결과 1회 영화제 때 신재인 감독의 〈재능있는 소년 이준섭〉이 대상을 받은 이후 무려 7년이 지난 2009년 8회 영화제에서 조성희 감독의 〈남매의 집〉이 두 번째 대상 작품으로 선정되었고 그로부터 3년이 지난 2012년 11회 영화제에서 엄태화 감독의 〈숲〉이 세 번째 대상 작품으로 선정되었다. 심사위원 감독들은 두 차례의 예심을 거쳐 올라온 작품들 중 경쟁부문 상영작을 선정하는 최종 결정권도 갖는다. 경쟁부문 상영작 확정은 관객과 직접 대면하는 작품들을 프로그래밍하는 과정이라 수상작 결정 이상으로 까다롭고 고달픈 작업이다. 시상식 분위기도 늘 자유스러움을 추구하며 수상 부문 역시 고정된 형식에 얽매이지 않으려 노력해왔다. 실제로 최우수 작품상만 고정적일 뿐, 격려할 만한 장점을 지닌 작품들을 연출한 감독들의 어깨를 토닥이기 위해 매해 탄력적으로 수상 부문을 운영하고 있다. 최우수 작품상은 수상하지 못했으나 그에 못지 않은 작품이 있다면 심사위원 특별상을 시상하기도 하고, 감독뿐만 아니라 촬영이나 시나리오, 미술, 시각효과 등에서 탁월한 능력을 발휘한 스태프를 위한 시상 부문을 늘 새롭게 개설 해왔다. 유준석 감독의 〈인비져블 1: 숨은소리찾기〉에 시나리오상을, 〈스타워즈〉 시리즈 못지않은 SF단편으로 완성된 〈편대단편〉의 지민호 감독에게 시각효과상을 수여한 2004년 제3회 영화제 이후, 〈구천리 마을잔치〉 미술, 분장, 의상팀에게 미쟝센 미술상을 수여한 2011년 제 10회 영화제까지 단편영화 스태프에 대한 지지와 격려를 잊지 않아 왔다.

한국영화의 역사에 다리를 놓다.

미쟝센 단편영화제는 2009년 제8회 영화제에서부터 특별 심사위원 제도를 마련했다. 한국영화의 역사를 짊어지고 이끌어왔던 선배 영화감독들이 자신을 대표하는 장르를 '자신의 이름을 걸고' 직접 심사하고 시상하게 함으로써, 한국영화 역사의 가장 먼 시간과 다가올 시간 사이의 다리를 놓으려는 의도였다. 2009년 제8회 영화제에 이두용 감독이 '4만번의 구타' 부문 심사를 시작으로, 2010년 제9회 영화제는 김수용 감독이 '사랑에 관한 짧은 필름' 부문을 2011년 제10회 영화제에서는 임권택 감독과 정일성 촬영감독이 각각 '임권택 감독 특별상'과 '정일성 촬영감독 특별상(미쟝센 촬영상)'을 수여했다.

최다 출품 공모 편수를 기록하다.

미쟝센 단편영화제를 준비하는 입장에서 늘 흐뭇한 소문이 하나 있다. 한국의 단편영화 제작 편수는 곧 미쟝센 단편영화제 출품 편수와 같다라는 소문, 혹은 사실. 출품된 작품수가 영화제의 위상을 말해준다고 했을 때,

미쟝센 단편영화제가 단편영화 출품 편수로 늘 1위를 차지해 왔다는 사실은 본 영화제의 가장 큰 자부심이다. 2002년 500편, 2003년 411편, 2004년 447편, 2005년 580편, 2006년 740편, 2007년 766편, 2008년 736편, 2009년 789편, 2010년 702편, 2011년 816편, 2012년 926편, 2013년 865편, 2014년 852편, 2015년 870편을 기록하였다. 한편 영화제 15주년을 맞이한 2016년은 1,037편을 기록하며 국내단편영화제 국내단편경쟁부문뿐만 아니라, 영화제 자체 기록에서도 최다 출품 편수를 기록함으로써 최고의 단편영화제로서의 확고한 자리를 지키고 있다.

명예 심사위원으로 배우들이 참여하다.

제1회 영화제를 마친 후 홍보팀에서 우리도 다른 영화제처럼 배우를 홍보대사로 임명하면 어떻겠냐는 의견이 있었다. 집행위원 감독들의 면면으로 볼 때 유명 배우를 홍보대사로 불러들이는 것이 그리 어려운 일은 아니었지만, 단지 영화제 홍보만을 위해서 이들 배우를 쓰는 것은 좋지 않다는 의견이 많았다. 이현승 감독은 배우들이 단편영화의 활성화에 기여하도록 하기 위한 방법을 모색하자는 의견을 제시했다. 이를 위해서는 우선 배우들에게 단편영화를 볼 수 있는 기회를 제공하고 단편영화에 대한 관심을 유발하는 것이 필요했다. 그렇게 해서 의견을 모은 것이 부담 없이 단편영화를 보고 즐기면서 영화제에 직접 참여할 수 있는 '명예 심사위원제도를 도입하는 것이었다. 2회부터 5인 정도의 배우를 명예 심사위원으로 임명했는데, 그 동안 한국을 대표하는 대부분의 배우들이 명예 심사위원으로 참여해주었다. 지금까지 공효진, 김혜수, 문소리, 박해일, 배종옥, 송강호, 송승헌, 신민아, 신하균, 원빈, 이병헌, 이영애, 이정재, 장진영, 전도연, 최민식, 하지원 등 총 57명이 명예 심사위원으로 활동했다. 2회 명예 심사위원으로 참여한 송강호는 단편영화에 출연하는 연기자들을 격려할 수 있는 방안을 고려해달라고 요청했고, 집행위원 감독들은 그 의견을 받아들여 '심사위원 특별상 연기 부문'을 신설했다. 이를 통해 단편영화에 너무도 열심히 출연해주는 배우 정인기와 〈똥파리〉로 감독으로서의 역량까지 발휘한 양익준 감독, 최근 장편영화에서 개성적인 연기로 주목을 받고 있는 한예리 등이 연기상을 수상하기도 했다. 한 가지 꼭 덧붙이고 싶은 미담이 있다. 송강호는 2회 명예 심사위원으로 미쟝센 단편영화제와 인연을 맺은 후, 지금까지 개, 폐막식 및 감독의 밤 등의 뒤풀이에 나타나 단편감독들과 스스럼없이 자리를 함께하고 있다. 자리가 길어져 2차를 갈 경우 소리 소문 없이 그 비용을 지불하고 사라지는 경우도 많았다. 배우 박해일의 미담 역시 빼놓을 수 없다. 그는 영화제에 직접 오지 못한 경우 모든 경쟁부문 상영작의 DVD를 빌려달라고 영화제 사무국에 요청할 정도로 단편영화의 열렬한 마니아이자 지지자이다.

미쟝센 이름으로 세계에 한국단편이 상영되다.

2007년 뉴욕아시안필름페스티벌(이하 NYAFF)은 미쟝센 단편영화제를 통해서 한국 단편영화를 상영하고 싶다고 제의했다. NYAFF와의 협의 끝에, 미쟝센 단편영화제의 이름으로 공식초청 섹션을 구성하여 상영하게 되었다. 이후 매년 지속적인 상영을 통해 미쟝센 단편영화제의 공신력을 높이는 것은 물론이고, 한국 단편영화가 장편영화 이상의 다양성과 창의성, 작품성을 지니고 있음을 보여줄 수 있었다. 2013년부터, NYAFF는 극장을 벗어나 'Dreamfever' 플랫폼을 이용한 온라인 상영으로 전환하였다. 북미 최대 규모로 아시아 영화, 드라마 컨텐츠를 제공하는 웹사이트인 Dreamfever 플랫폼 상영을 통해, 미쟝센 단편영화제 상영작들은 더 오랜 시간 동안 더 많은 관객과 만날 수 있었다. 한국 단편영화의 우수함을 알리고자 지속되었던 이 협력관계는 2014년까지 이어졌다. 한편 2010년부터는 매년 주영한국문화원이 주최하는 런던한국영화제에서 미쟝센 단편영화제가 한국을 대표하는 단편영화제로서 소개되기 시작했다. 런던한국영화제는 한국을 대표하는 참신한 단편영화들을 소개하기 위해 미쟝센 단편영화제 수상작 섹션을 마련하여 지속적으로 상영하고 있다. 뿐만 아니라 2013년에는 캐나다한국영화제에서 미쟝센 단편영화제 상영작을 소개하는 기회가 마련되었는데, 운영위원장 이현승 감독은 직접 게스트 프로그래머로 참여하여 상영작을 프로그래밍함으로써 한국의 우수한 단편영화를 캐나다에 소개하는 데 기여하였다.

편당 최다 상영을 지향하다.

일반적으로 국내 영화제의 상영은 2회 상영을 기본으로 한다. 짧은 기간 내에 많은 작품들을 상영해야 하는 영화제 측에서는 그 이상으로 상영 횟수를 늘리는 것이 부담스러운 일이다. 하지만 단편 영화제의 칸이라 불리는 '클레르몽페랑국제단편영화제'는 편당 7회를 상영하고 있다. 오전 9시 30분부터 밤 11시까지 이어지는, 그야말로 관객과 감독 모두를 위한 영화 축제라할 수 있다. 개봉이 어려운 단편영화의 여건상 보다 많은 상영 기회는 단편영화 감독들의 가장 큰 바람이다. 미쟝센 단편영화제는 2개관에서 영화제를진행했던 제 3회 영화제에서부터 각 작품 당 3회 상영이라는 값진 시도를해왔다. 단편감독들에게 보다 많은 상영의 기회를, 관객들에게는 보다 넓은선택의 폭과 관람 기회를 제공하기 위한 것이었다. 2009년부터 극장의 물리적 한계를 넘어서 올레 플랫폼을 통해 한달 간 경쟁부문 전작품들을 소개하였으며 2011년부터 IPTV는 물론 모바일까지 플랫폼을 확대하는 등 해를거듭할수록 새로운 상영 방식을 모색 중이다.

상영수입 분배제도를 도입하다.

일반적으로 단편영화는 상업영화가 아닌 것처럼 인식되고 있는데, 그것은정신의 순수함을 지칭하는 것이지 창작의 대가, 노동의 대가, 상영의 대가를 포기하라는 의미는 아닐 것이다. 실제로 단편영화계는 부담스러운 비용의 압박 하에서 자본의 회수마저 막막한 것이 현실이다. 어쩌면 단편영화계는 창작을 위해 가장 절실하게 자본을 필요로 하고 있는지도 모른다. 하지만 단편영화의 배급시장이 넓지 않은 상황에서 제작비 환수는 불가능에 가깝다. 미쟝센 단편영화제가 파격적으로 상금 총액 3,000만 원을 내걸며 그 첫 발을 내딛었던 것은 상금을 통한 제작비 환수가 가능하도록 하자는 취지였다. 하지만 상금은 일시적인 처방전의 가치만 지닐 뿐, 단편영화의 배급시스템을 구조적으로 개선할 수 있는 방법은 아니다. 이에 미쟝센 단편영화제는 2009년부터 올레 플랫폼(IPTV 및 모바일) 상영 등을 통해 상영수입, 극장수입 전액을 경쟁부문 상영감독들에게 배분하였다. 단편영화 역시 극장상영 등을 통해 발생된 수입이 만든 사람에게 돌아가야 한다는 인식을 확산시키는 것이 창작 활성화를 위해 매우 중요한 일이라는 점을 미쟝센 단편영화제가 앞장서서 실천하고 있다. 한편 2015년에는 미지의 관객을 찾아 SKB의 SK B tv와 SK mobile TV 상영을 이어가고 있다.

관객점유율 3위로 박스오피스에 등극하다.

2008년 개막 2주전 관객점유율 4위에 이어 2009년에는 관객점유율 3위를 기록하는 기염을 토했다. 영화진흥위원회 영화관 입장권 통합전산망 영화예매율에서 일반장편상업영화와 함께 미쟝센 단편영화제의 상영작이 예매순위 3위에 올라 다시 한 번 인기를 입증하였다. 그간 미쟝센 단편영화제의 노력으로 단편영화도 재미있다는 인식을 확산시키는데 성공했다는 의미와 함께 기존 상업영화에서 맛볼 수 없는 새로운 재미를 미쟝센 단편영화제가 제시한 결과였을 것이다.